グローバル化時代の大学論①

アメリカの大学・ニッポンの大学

A、シラバス、授業評価

谷剛彦
ya Takehiko

Chuko Shinsho La Clef
429

中央公論新社

「グローバル化時代の大学論」シリーズ巻頭言

「グローバル化」という言葉は、しばしば意味のあいまいな流行語として使われる。しかし、一九九〇年代以後生じている高等教育のグローバル化という現象には、この言葉を使うそれなりの理由が与えられている。実際に人（学生と教員）、資本（教育や研究に関わるお金）、そして教育機関といった面で、国境を越えた移動が大きくかつ激しくなっているからである。

しかも高等教育のグローバル化は、国境を越えて高等教育を受け学位を取得した人々が、高度な質をもった人材として自国を離れて労働市場に入るという、人材のグローバル化と関連しつつ進行している。国を超えた大学のランキングがつくられ、その結果に関心をもつ大学がさまざまな国で増えているのも、こうしたグローバル化という現象の反映といえる。まさに、国境を越えた大学間のグローバル競争が生じているのである。

もうひとつ、九〇年代以後先進国の高等教育において生じている重要な変化がある。教育機会の拡大である。比較的大学進学率の低かった欧州の国々においても、大学進学率が急速に上昇している。しかも、学士レベルにとどまらず、専門的な職業教育を含む修士課程や博士課程といった大学院レベルの教育の拡張も見られる。高等教育機会の拡大が、前述のグローバルな人材育成競争に対応して生じているのである。

本シリーズでは、こうした高等教育のグローバル化という文脈に、日本の高等教育を位置づける。この作業を通じて、グローバルな競争から大きく立ち遅れた日本の大学の脆弱さが浮き彫りになるであろう。

グローバル化の変化に対応できず、日本社会という閉じたコップの中で、それ以前に通用していた仕組みにしがみつき、その仕組みのもとでいまだにだれが相対的に有利になるかを競い合う構造が存続する。その結果が、コップの外から見れば大きな負の結果をもたらしていることがわかっても、やめることも変えることもできない。公的な財政事情が悪化することと相まって、打つ手がない状態が続くのである。

本シリーズが、こうした「日本病」を考えるうえでの材料になれば幸いである。

苅谷剛彦

新書版まえがき

本書は一九九二年に玉川大学出版部から出版された同名の著書をベースにして新書版にしたものである。時を隔てても価値をもち続ける文学、哲学、歴史の書物、あるいは社会科学でも厳密な実証研究にもとづく著作や理論研究ならいざ知らず、すでに二〇年の歳月が経った本書のような、その時代の教育問題を体験的に扱った書物をこのようなかたちで再び世に出すことには、正直、私の中でもためらいがあった。しかも、本書に収められた文章は、私が三〇代前半で書いたものばかりである。本書の最後に収録してあるオリジナル版「あとがき」にあるように、日本の大学の教壇に立って「一年と三カ月」が経った「新米教師」の体験談をもとにした日米大学教育比較論である。すでにそれから二〇年にわたり大学で教え、現在は、アメリカではなくイギリスの大学で教えている身としては、自分の青臭い時代を思い起こす気恥ずかしさを感じると同時に、今ならこう書くだろうにといった未熟さが随所に目につくことに忸怩《じくじ》たる思いもある。それに、二〇年以上も経った時点で、はたしてこのような論考がどれだけ意味をもつのか。その点でも、当初は自信がもてなかった。

しかし、今回編集を担当してくださった黒田剛史さんから新書版の企画について話を聞き、グローバル化のもとで今の日本の大学がさらされている問題を考えるにあたって、アメリカとの比較という視点が今でも有効であること、もちろん大きな変化はあるものの、日本の大学については、二〇年前の指摘から得られる示唆が意味をもちうるほどに、依然として変わらない部分も大きいことに思いが至った。日本の大学での「教育」の重要性が指摘されるようになればなるほど、その変わらぬ問題点の深刻さが浮かび上がってくる。そういう意味では、二〇年以上前の日米大学比較論は、現在の日本の大学「教育」問題を考える際の、時間と空間の両方の座標軸を与えてくれるのかもしれない。

いや、座標軸などと言うのはおこがましい。それだけの実証研究としての厳密さも、理論的論考としての広がりも深さもない。それでも、一人の日本人の新米大学教師の体験談から浮かび上がる日米大学「教育」の（二〇年前の）違いや、その違いを生み出す様々な背景についての新米教師ゆえの問題のとらえ方や感じ方には、その現場において切実に日本の大学の「教育」問題に対面しようとした、個人的ではあるが、ある種の「原点」のようなものが書き残されていたのではないか。

そういう目で読み直してみると、五〇代後半にさしかかって、日米英の大学での教職経験をもつ今の私から見れば、三〇歳を過ぎたばかりの新米教師が大学教育の問題と格闘する姿に、そして未熟であったがゆえに発見できた論点の数々に、思わず膝を打って過去の自分を応援したい気分になった（ちょっとほめすぎではあるが）。

しかし、それを別の視点から見れば、今でも変わらない問題群を日本の大学「教育」が抱えていること、問題があることがわかっていても変えられない日本の大学と社会を取り巻く構造が根強くあること、それに対して的確な処方箋が打たれないまま二〇年以上が経過していること、そうこうしている間に日本を取り巻く世界の大学教育も経済も国際情勢も大きく様変わりして、日本の大学だけが置いてけぼりになっているように見えること、といった、ため息にも似た感慨が現在の私にはある。そういう現在に続く日本の大学「教育」の問題群を、日本の大学から距離を置いている今の自分だからこそ、より鮮明に（より大きな危機意識をもって）認識できるだけに、そうした問題の一端を、身をもって示そうとした二〇年前の新米教師の奮闘を応援したくなるのである（より現在に近い視点からの大学教育論については、引き続き刊行される『イギリスの大学・ニッポンの大学』をご覧いただきたい）。

大学教師養成のためのプログラムも、その後急速に採用されるようになったシラバスも、一定の貢献を日本の大学にしているとはいえ、中途半端なままで、その有効性はまだ見えない。一方で、かつて日本の大学「教育」の空洞を埋めていた、名だたる受験競争の激しさと受験学力の高さは今ではどこかに消え失せてしまった。受験教育の批判者から見ればその思いが叶ったことになるのだろうが、その果てに見えてきたのは大学教育の無力さである。「質」の保証が未だに議論され続けているのはその証左といえるだろう。

そういう今の視点から二〇年前の論考を見ると、まだ問題が深化する前の日本の大学の姿もほの見えてくる——。改革、改革と言われ続けながらも、何が変わり何が変わらなかったのかを見通す視点を本書が少しでも提供しているとすれば、それは望外の幸せである。

新書版の刊行にあたり、文系東大生の調査についての章を削り、その代わりに二〇一一年に書いた新たな日米大学比較論の論考を付け加えた。さらには、アメリカの大学教育に詳しい関西学院大学の宮田由紀夫さんに解説を執筆していただいた。アメリカよりイギリスの大学との関係が強くなった今の私に代わって、近年のアメリカの大学の変化を含めた解説を書いていただくことで、この二〇年間の時間差を埋める貴重な論考をいただいた。ありがたい限りである。また、企画と編集にあたった黒田さんには、二〇年前の本が再び人の目に触れる機会を与えていただいたばかりでなく、もう一度自分の大学教師としての原点を思い起こす機会を与えていただいた。記して感謝したい。

グローバル化の荒波の中で漂流する日本の大学はどこに向かうのか。本書が、二〇年前の出版の時以上に、深刻化する日本の大学「教育」を考えるきっかけとなることを願ってやまない。

苅谷剛彦

二〇一二年七月　オックスフォードにて

目次

第2章　新米教師のアメリカ学級日誌
――もうひとつの日米教育比較考――　105

アメリカの大学・ニッポンの大学

TA、シラバス、授業評価

本文ＤＴＰ・図表作成／今井明子

はしがき

アメリカの大学は教育熱心である。学生たちは勉学に励み、教授たちもそれを全面的に支援する。入るのは簡単だが、勉強しないと卒業できない。教育に高い価値を置くアメリカの大学――このなかばステレオタイプ化したアメリカの大学像は、私たち日本人が自分たちの大学について語る時に、とりわけ、日本の大学の教育の実態を非難する時に、しばしば顔を出す。

「それに比べて、日本の大学は……」といった言い回しに見られるように、私たちは、アメリカの大学という鏡に映し出された日本の大学像を見て、嘆いたり、不平や不満をもらしたりする。ビジネスの世界では、日本人も自信をつけ、アメリカをむやみには称賛しなくなった。教育の領域でも、初等、中等レベルでは、アメリカへの妄信的な賛美はすでに影を潜めている。ところが、大学については、いまだにアメリカの影から逃れられない。

だが、そもそも引き合いに出されるアメリカの大学について、私たちは実際にどれだけ知っているのだろうか。大学で学ぶこと、教えることに、アメリカと日本との間にどういう違いがあるのか。大学での「教育」は、それぞれの社会の制度的、文化的、歴史的な背景とどのようにからみ合っているのか。さらにまた、そうした背景自体に、日本とアメリカとではどのような違いが見られるのか。

大学院生が学部の教育の助手をつとめるティーチング・アシスタント（TA）制度、大学教師が授業の体系について克明に文書で学生に知らせるシラバス（授業要項）、夏休みを利用して開かれるサマースクール、そして学生たちによる授業評価、これらはみな、アメリカで広く行われている実践である。アメリカの大学の教育熱心さを示す証拠と見なされてもいる。日本の大学の中には、近年こうした実践を取り入れようとするところもある。しかし、これらの実践が、実際にアメリカの大学でどのように行われているのか、それを包み込むより大きなコンテクストとどのように関連しているのかについては、十分に知られているとはいえないようだ。はたしてこれらの実践は、本当にアメリカの大学の教育熱心さを示す証拠といえるのだろうか。

本書では、こうした教育実践を中心に、私自身の体験をふまえながら、アメリカの大学が実際にどのように教育を行っているのかを、なるべく具体的に、わかりやすくレポートしている。それを基点に、アメリカの大学の実像を摑みだし、そこに映し出される日本の大学「教育」の現状と将来について考察する。本書のねらいはそこにある。

このような意図をもつ本書が、大学関係者にとどまらず、学生の皆さん、さらにはアメリカに留学しようとする人々にとって、大学で学ぶこと、教えることとは何かを考える、ひとつのきっかけとなれば幸いである。

第1章　ティーチング・アシスタント制度にみる日米大学比較考

ティーチング・アシスタントという制度は、アメリカの高等教育の歴史の中でも、最も創造的な発明のひとつである（アンドリュー、一九八五年）。

ＴＡが今日大学という制度の中でダーティーワークの担い手であることは公然の秘密である（ある学部長は彼らを『大学の皿洗い』と呼んでいる）（バーナード・ベレンソン、一九六〇年）。

はじめに

大学が高校以下の「学校」と異なるのは、教育と研究というふたつの機能を備えている点だという。大学の先生は、「研究者」であると同時に、「教師」であることを要求される。ところが、奇妙なことに、大学「教師」の養成方法や資格といったことについては、高校以下の「学校」に比べて、おそろしくシステム化されていない。私自身の狭い経験に照らしてみても、日本の大学院では「研究者」になるためのトレーニングは受けても、「教師」になるためのそれはまったくといってなかった。これは、大学が「学校」ではない証拠かもしれないが、大衆化した今日の大学の状況を顧みるとき、大学教師の養成システムの欠如は、奇妙なことといわなければならない。

若者たちの二人に一人が進学するまでに、今日の高等教育は「大衆化」している。ますます学生の多様化が進んでいく今日、研究のみならず、教育をどのように行っていくかは、以前にもまして大学教授の重要な仕事になっている。

日本に比べ、高等教育がよりいっそう大衆化した段階にあるアメリカでは、どのようにして大学「教師」になるためのトレーニングが行われているのか。アメリカの大学院での「教師」養成の側面に光を当て、そこから、大学教育と大学院での教育についての比較論を展開してみよう。この章では、私自身のノースウェスタン大学での経験を織り混ぜながら、大学教師養成の根幹ともいえるアメリカにおけるティーチング・アシスタントの制度について報告、検討してみたい。

1　ティーチング・アシスタントを通してみるアメリカの高等教育

ひとつの社会制度を成り立たせている実践の中には、目立たぬ存在ではあるが、その制度の特質を知るうえで、有効な切り口を提供してくれるものがある。アメリカの高等教育を特徴づける実践のひとつ、ティーチング・アシスタント（以下、TAと略す）もそうした実践のひとつである。「教育助手」と訳されるTAは、一般に、授業、学生からの質問への応答、成績評価、実験・実習の指導、試験の実施・監督などのかたちで、大学院生が学部レベルの教育を「手助けする」パートタイム・ジョブの総称、ないしその担い手を示す。それは、大学教授だけでは提供できない教育サービスを創出することで大学教育の改善に貢献するばかりでなく、大学院生に将来の職業、すなわち大学教師になるための訓練・準備の機会を用意するものでもある。

それに加えて、TAの制度は、彼ら将来の大学教師たちに教育訓練の場を提供する役割を果たしている。たとえば、ノースウェスタン大学社会学科のTAに関する文書の冒頭には、次のような記述がある。

さまざまなかたちを取りうる教える(ティーチング)という仕事は、専門職であるほとんどの社会学者に期待される通常の仕事である。したがって教える経験も(研究と並んで――引用者注)長い間この学科の大学院プログラムの重要で不可欠の要素であった。学位取得後に学生の就く職業の大半は、研究と教育とをともに備えた大学教授職である。したがって「教える経験」もまた、大学院での教育プログラムの重要な一環である、というのである。

このように、アメリカの大学の「教育助手」は、日本の大学の助手(現在の助教)とはまったく性格を異にしている。第一に、TAは正式の大学のスタッフではない。大学院生のパートタイム・ジョブである。したがって、第二に、正確にいえばTAには「給与」は支給されない。たいていの場合、授業料の免除か、それプラス奨学資金の提供というかたちでの報酬が与えられる。つまり、TAには大学院生に対する財政援助的な意味が与えられているのである。英語では、ティーチング・アシスタントシップと呼ばれるこうした金銭的な援助は、スカラーシップ（奨学金）やリサーチアシスタントシップ（研究助手）と並んで、アメリカの大学院生に対する重要な財政援助となっている。そして第三に、TAは大学教師になるための訓練の一環でもある。教授の教える仕事を手伝いながら、自分も教えることについて学ぶという二重の性格をもっているのである。

このように、TAは日本の高等教育にはない、アメリカの高等教育が発明した教育上ユニークな制度である。にもかかわらず、TAについて正面から取り上げた研究は実にわずかである。アメリカの高等教育に関する研究は、日本でも多くの蓄積がなされてきた。しかし、TA制度については、個人的な体験報告のかたちで紹介されることはあっても、体系的にこの実践について、紹介し、分析・考察を加えたものはほとんど見あたらない。[1]

TAは、アメリカの高等教育の中でどのような役割を果たしているのか。それは、どのようなかたちでどのような広がりをもって実施されているのか。この実践を生み出したアメリカの高等教育の特徴は何か。この章では、ＴＡというアメリカの高等教育に特徴的な実践に焦点を当て、その実態を明らかにするとともに、この実践を生み出したアメリカ高等教育の発展構造の特質に迫っていきたい。

ＴＡ制度に焦点を当てるのには、いくつかの理由がある。第一に、ＴＡ制度への着目は、アメリカの高等教育を理解するうえで、これまでとは異なる新しい視点を与えてくれる。アメリカの高等教育の制度的特徴は、一般教養教育を担当する学部教育と専門職業教育を提供する大学院教育との有機的な結合・分業の体系にあるといわれる。[2] ＴＡは、このふたつの領域にまたがり、両者を媒介する制度として位置づけることができる。したがって、ＴＡ制度の検討は、アメリカ高等教育をトータルに把握するための視点を提供してくれる。

後に詳しく見るように、ＴＡは、教育サービスの提供という点から見れば、学部、大学院というふたつのレベルを架橋する制度である。学部学生にとって、ＴＡは大学教授（ファカルティ）が与える教育サービスとは、種類もレベルも異なる教育サービスを提供する資源である。一方、大学院生にとってＴＡは、大学教師という将来の職業のための準備、訓練の機会として専門職業教育の一部を構成するものである。また、大学の財政の面から見ても、ＴＡ制度は学部と大学院の両者にまたがり、高等教育のコストの低減に与《あずか》っている。大学院生という安価な教育資源をＴＡとして学部教育に投入することによって、大学は同じサービスをファカルティのみが提供する場合よりも格段にコストを節約することができる。他方、大学院生に対する財政援助として、ＴＡ制度は大学院教育の機会の拡大に寄与している。このように教育的にも財政的にも学部教育と大学院教育のふたつにまたがるＴＡ制度に焦点を当てることによって、アメリカの高等教育の構造的特質をより深く理解することができるだろう。

　第二に、ＴＡ制度の検討は、日本の高等教育の改革を考えるうえで重要な意味をもつ。大学院が担うべき機能のひとつに、大学教師の養成があるが、大学院の修了者の多くが教職に就いていることと、大学院が大学教師の養成プログラムを提供していることとは同じではない。それどころか、初等、中等教育と比べた場合、日本における大学教員の養成は、天野郁夫氏が指摘するように「組織性も体系性も乏し」く、「システマティックな訓練もない」状態にある。[3]

　臨時教育審議会（臨教審）の第二次答申や大学審議会の答申でも、日本における大学・大学院制度の改革をめざし、大学院生に対する「研修的雇用」の機会としてＴＡ制度の導入が検討課題のひとつにあがった。そして実際に、そこでの指摘を受けて、平成四年度から、Ｔ

A制度が一部日本の大学に導入されようとしている。また、理工系の場合には、すでに大学院生に学部教育の一端を担わせ、それに対する報酬を与えている大学院もある。

しかし、現在（初版時）の時点で、TA制度がどのようなかたちで日本の大学に導入されているのかは、まだ十分明らかではない。私が日本で勤めていた大学（東京大学・当時）でも、文科系の場合には、必ずしも十分な議論がなされないままに、予算措置上の制度導入への応急処置的な対応として、この制度が導入された。TA制度が本格的に導入された場合、はたして、それは日本の大学、大学院にどのような変化、どのような問題をもたらすのか。この制度の先進国であり、すでに多くの研究成果を蓄積しているアメリカのTA制度の実際を検討しておくことは、日本におけるTA制度について考えるための貴重な情報を提供してくれる。

2 TAの仕事

はじめに、TAの仕事について見よう。TAは具体的に何をしているのだろうか。ノースウェスタン大学（以下、N大と略す）の社会学科の場合を見ると、TAの仕事は大きく分けて次の四つである。⑴学生の質問に答えること、⑵討論のクラスを指導すること、⑶成績評価を手伝うこと、⑷授業を担当すること。理科系の場合、これに加えて、実験や観察の指導という仕事が加わる。

N大の社会学科では、通常二人のTAが一組になって、学部レベルのひとつのクラスにつく。この割り当ては、TAの希望をきいたうえで、各自の専門分野などを考慮・調整して決める。学科の方針としては、二五〜三〇人ほどの学生を相手に行うふたつの討論クラスをもつか、あるいは七五〜一〇〇人の学生のレポートや試験の採点をするかで、一週間あたり一五時間程度の労働をもって、TAの仕事の一単位としている。TAの仕事は、学期ごとに変わる。秋学期にM教授の討論クラスをふたつもったら、冬学期にはS教授の多人数講義の小テスト、中間・期末テストの採点と評価を手伝う、というようにである。

ここでは具体的にTAがどのように仕事をしているのかを示すために、N大社会学科のJさんの場合を追ってみよう。

Jさんは、ほかの大学のコミュニケーション学科を出てN大の社会学の大学院に進学してきた、大学院二年目の学生である。JさんはM教授が担当する、学部の一、二年生を対象とした「社会的相互作用論」のクラスのTAの一人である。彼女は週に三回、M教授のクラスに学部の学生たちと一緒に出席する。学生からの質問に答えるために、そしてまた自分が受けもつ討論クラスの準備のために、M教授が講義でどんな話をしているのかを知っておく必要があるからだ。

しかし、授業への出席は、TAとしての仕事のためばかりではない。Jさんはそこで学部の授業がどのように行われているか、大学に入りたての学生が授業でどのようにふるまっているのかを観察することができる。

ハイスクールを出たての一〇〇人近い学部学生たちを大教室で教えるためには、相応の教授スキルがいる。経験豊富なM教授がその技術をどのように用いて学生たちを退屈させずに授業を行っているか。Jさんは、実例をもってそれを学ぶことができるのである。教授の授業に対する学生たちの反応もまた、将来自分で行うティーチングについて考えるうえでの参考となる。また、学期ごとに違う教授のTAになることによって、いろいろな教授たちの異なる授業におけるティーチングスタイルについて実地に観察する機会が与えられるのである。

もちろん、これは単なる授業観察にとどまらない。授業への出席は、TAの仕事の準備という性格をもっている。したがって、授業への参加が漫然とした観察に陥る危険は少ない。

講義がどのように行われ、学生がそれにどのように反応しているのかを知ることが、ＴＡの仕事にとって重要な準備となるからである。

このようなJさんの経験に比べて、日本では、とくに文科系の場合、学部の授業がどのように行われているのかを知る機会は大学院生にはほとんど与えられていない。大学院と学部とは隔絶され、通常は学部の学生と知り合う機会さえもなくなってしまう。大学教師のティーチングスタイルが、結局は学生時代に自分が受けた授業体験に大きく影響されるという俗説があるが、このような説がもっともらしく聞こえるのも、学部の教育を受けたとき以来、大学院時代を通じて学部でどのような授業が行われているのかを知る機会がほとんどないことと関係あるのだろう。学部レベルの教育がどのように行われているのかを直接観察できるだけでも、将来の大学教師予備軍にとっては貴重な体験になる。さらにいえば、学部の学生以外の参加者を得ることで、当の教授の授業にもよい影響が出るのかもしれない。

さて、Ｊさんの仕事にもどろう。ＪさんはＭ教授のクラスに出席するほかに、週に一回、一時間の討論クラス（ディスカッション・セッション）をふたつ担当している。この討論クラスは、Ｍ教授の講義や文献講読の宿題（リーディング・アサインメント）にもとづいて、学生の授業理解をさらに発展させるためのゼミのようなものである。それぞれ二〇〜三〇人くらいで構成される討論クラスは、講義に対する学生側のフィードバックを促す点で、大教室での「マスプロ」教育の欠点を補う場でもある。Jさんは、毎回、どのようなトピックで討論を進めていくかを、M教授の講義の内容や、教授が学生に読ませている文献などを基に決める。彼女自身が司会をつとめ、討論をリードすることもあるが、学生に輪番で司会の役を与え、自分は学生の発言を引き出す役に回ることもある。ケース・バイ・ケースで、Jさんはトピックに応じ、さらにはクラスの雰囲気に応じて、いろいろなスタイルで討論クラスを運営している。

もちろん、M教授はこのクラスには出席しない。討論クラスはすべてTAの手に委ねられている。毎回の具体的な討論の材料を用意するのも、その導入のしかたを工夫するのも、関連のありそうな文献を探して新しい知識を仕入れておくのも、あるいは、学生にとって身近なトピックを探すのも、すべてTAの仕事である。

しかも、この討論クラスは、正式の時間割りに組み込まれている。したがって、当然ながら成績評価の対象になる。通常、討論クラスへの出席状況や討論への参加の度合といったことが評価の対象になるが、その判断もTAにまかされている。そして、Jさんは、討論を指導しながら、同時に学生の反応や考え方について学ぶだけにとどまらず、それをどのように成績評価に組み入れていくかについても、実践的に学習するのである。

要するに、討論クラスは、学部学生にとって少人数でのゼミ形式の学習体験を与えるばかりでなく、TAである大学院生に対しては、大学教育というものを実験的に体験する場となっているのである。この経験は、いずれ自分が大学の教師としてゼミなどを担当するときに大いに役立つものである。

討論クラスのほかに、Jさんは週二時間の「オフィスアワー」を受けもっている。教授たちも皆こうしたオフィスアワーをもつが、これは学生からの質問などを受けるために、定期的に教授が自身の研究室（オフィス）を開放している時間のことである。たとえば、M教授が水曜日の三時から五時までをオフィスアワーに設定している場合、学生はアポイントメントなしでこの時間に自由に教授の研究室を訪ね、質問をしたり学習上の助言を求めたりすることができる。M教授は、この時間にはいつも研究室にいて、学生が来るのを待ち受けているということである。このシステムもまた、学生側からの授業へのフィードバックを促すためのものである。

Jさんは週に一回、このオフィスアワーを設定している。毎週一回、一定時間、Jさんのいる大学院の研究室に行けば、学生はJさんに会って、M教授の講義や必読文献について、あるいはJさん担当の討論クラスについて、自由に質問や相談ができるのである。もちろん学生は、M教授のオフィスアワーを利用することもできるが、通常はまずTAのところへ行くようである。つまり、ここではTAが教授と学生との間に立って、文字どおり「教育助手」の役目を果たしているというわけである。

日常的なTAの仕事は、今述べた討論クラスの指導とオフィスアワーだが、中間、期末の時期になると、これに成績評価という仕事が加わる。選択式のテストの場合は採点の手伝いくらいですむが、レポートの採点ともなるとTAの負担は決して軽いものではなくなる。Jさんの場合、中間、期末ともにレポートであった。しかも、M教授と相談のうえで、二人のTAが話し合って、これらの仕事を行っていくことにした。

Jさんたちは、討論クラスで取り上げたトピックを中心に、レポートのテーマを選び出す。そして、学生たちに締切りの期日、枚数制限などの条件を伝える。レポートの時期になると、TAのオフィスアワーも忙しくなる。レポートをどう書いたらよいかについて、学生たちが質問に来るからである。学生たちの質問に答え、適切な助言を与え、仕上がりのよいレポートを書けるよう学生たちを導いていく。これも、TAの大切な仕事である。それはまた、学生たちから見れば、教授一人ではとうていまかないきれない、きめの細かい個人指導を受けられることでもある。

締切りの日が来ると、ＴＡたちはレポートを集め、読み、評価し、そしてコメントを加える。採点・評価は、自分たちが選んだテーマに学生がどう答えているかを知る機会でもある。適切な出題であったか、枚数制限は適当だったか、学生のレポートを読むことで、ＴＡたちは、出題、成績評価という教師の仕事の重要な部分について、学んでいく。レポートにどういうコメントを加えて、学生たちの今後の学習の助けとするのか、レポートを介しての学生たちとのやりとりもまた、将来に向けての実地の訓練になる。学部レベルの学生に、どの程度のことが書けるのかを知るだけでも、将来の参考になるだろう。

仕事は採点をもって終わるわけではない。採点のあとに、何人かの学生たちが必ずといってよいほど、採点や評価について質問に来る。彼らの「抗議」に対して、自分たちの評価を「防衛」するという厄介な仕事が残っているのだ。アメリカの大学の学生は、日本とは違って、先生の採点に不満がある場合には、採点の根拠や理由を尋ねることを当然の権利と思っているようだ。「なぜ自分のレポートはＡマイナスではなくＢプラスなのか」「採点の基準は何か」「どういうレポートにすればＡがもらえるのか」といったことを聞きに来る。少しでもよい成績をもらおうと、学生たちが食い下がってくるのである。それというのも、Ｎ大のように比較的レベルの高い大学では、少なからぬ学生たちが卒業後に大学院やプロフェッショナル・スクール（法科大学院や経営大学院など）に進学することを考えている。学部時代の成績が、進学の際に重要な判断材料となるので、少しでもよい成績を取ろうとするのである。

このように成績の改善をめざす学生に対し、採点や評価までも自分の仕事としているTAは、自分の下した評価をなんとか正当化し、学生たちを納得させなければならない。時には、学生たちの指摘が正しく、成績が書き換えられることもある。しかし、学生たちの主張が、成績の書き換えには及ばない程度である場合には、そのことを彼らに納得させるだけの根気と根拠とをTAはもち合わせていなければならない。こうした実地の経験も、いずれ自分ですべての成績評価の責任を負うことになる大学教授になるうえでの、またとない訓練、準備の機会となっている。

3　TAによる大学の授業

さて、次にTAのもうひとつの重要な仕事である、実際の授業の担当ということについて、ここでもN大の例をもとにレポートしよう。

N大のある年の秋学期の授業スケジュール表を見ると、ところどころに「フレッシュマンセミナー」というタイトルの授業がある。文字どおり、フレッシュマン（大学一年生）のためのセミナーである。

社会学科のところには、

労働と労働者――その諸問題と比較

月水金――一時～二時

講師――R・P

少数民族とアメリカ政府

火木――一時～二時三〇分

講師――H・J

とある。ここにあげたふたつは、TAのRさんとH君が担当する新入生セミナーの授業である。この章のはじめに、TAの仕事のひとつとしてあげた学部レベルの授業の担当というのがこれである。N大でTAが主に担当する授業とは、これから紹介するこの新入生セミナーのクラスである。それがどのようなものかを見ることで、TA制度について考えることも、学部教育における日米の違いについて検討することもできるだろう。

新入生セミナーとは何か

N大では新入生に、一年目に最低ふたつの新入生セミナーの履修を義務づけている。社会学科以外のいくつかの学科の新入生セミナーの授業タイトルをランダムにあげると次のようになる。

アフリカの都市——過去と現在（人類学科）
経済学における葛藤と協働（経済学科）
一九二〇年代のアメリカ文学（英語学科）
スターリン（ヨーロッパ史学科）
無意識と言語（言語学科）
性役割の心理学（心理学科）……

どの科目を履修するかは自由である。したがって、新入生セミナーは、いわゆる「選択必修」ということになる。そして、このセミナーの目的は、新入生に大学での学習についての基本的スキルを伝えることにある。文献リサーチの方法や、クラスでのディスカッションのしかた、小論文の書き方など、その後の大学教育で必要とされる最も基本的な学習スキルを身につけさせるのである。N大のユニークな点は、こうした新入生セミナーの多くが、大学の専任スタッフによってではなく、RさんやH君のようなTAたちの手で行われていることである。

Rさんは入学三年目、H君は四年目の大学院生である。Rさんは、自動車修理工を中心に、ブルーカラー労働者の技能と職場についての研究をしている女性であり、H君は、アメリカの移民、難民政策とエスニック・グループについての博士論文を準備中の学生である。二人が担当しているセミナーは、それぞれ二人が専門に研究している内容と重なっている。ほかのテーマに比べれば専門に近いテーマのほうが教えるのに扱いやすいことはたしかである。だからこそ、先にあげた社会学科以外の学科でも、TAが教えるセミナーには、内容的にかなり専門分化したテーマが取り上げられている。

とはいえ、もちろん、新入生セミナーは専門分化した各学問分野の最先端の研究状況を入学したての一年生に紹介する場ではない。それぞれのテーマは特定されているものの、たとえば「労働と労働者」「少数民族とアメリカ政府」といった具体的なテーマを通して、高校を出たての大学一年生に「大学でどのように学んでいくか」を教えるのが、このセミナーに期待されているのである。特定化されたテーマの中から、新入生は自分の関心にあったものを選ぶ。そして、セミナーの担当者であるTAは、自分の研究しているテーマを材料に、これから大学で学ぼうとする若者たちに、大学での学習に必要な基本的スキルを伝えていくのである。

Rさん、H君の二人は、九月に始まるこのセミナーの準備に、夏休みの相当時間を割いたという。読んでおくべき基本文献の探索はいうに及ばず、新入生の興味を引きつけるに足る身近なトピックを、新聞や雑誌の記事から採集する。それらを基本文献の講読とどのように絡めて十数回分の授業として組織していくか。図書館での文献リサーチを必要とするレポートの課題としてどのようなテーマを選び出したらよいか。自分が勉強している専門のテーマとはいえ、新入生の立場から自分の知識と教材とを見つめ直すのには、なかなかの時間とエネルギーが要求される。

とはいうものの、どのように努力したとしても、大学院三年目ないし四年目の院生には、教育経験、研究経験の豊富なベテラン教授に比肩しうるだけの体系的な知識を提供することは難しい。学生の学力レベルに見合う適切な教材を選ぶことにおいても、知識の提示（プレゼンテーション）のしかたにおいても、経験未熟な大学院生にできることは限られている。なにしろ、新入生を相手に自分ひとりでクラスの全体を受けもつのは彼らにとってはじめての体験なのだから、それも無理からぬことである。

実際に、セミナーは試行錯誤の連続である。だが、知識の提供という点ではどんなにベテラン教授の後塵《こうじん》を拝するとしても、新入生セミナーは教える経験の乏しい大学院生の手に、その全責任をまかせている。日本の大学人には驚嘆の目をもって見られるかもしれないこうした「冒険」がいともたやすくできるのも、このセミナーの最終目的が、「大学で学ぶためのスキルの学習」ということに置かれているからにほかならない。要するに、新入生が自分に関心のある具体的なテーマを通じて、大学で生き残るために必要なスキルを習得できるようにする、それが十分に行われればよい、と考えられているのである。そして、そうした基本的なスキルを教えることなら、ベテラン教授でなくても、大学・大学院を通じてそのスキルを磨いてきた大学院生が十分にこなせる仕事であると見なされているのである。

H君の場合、第一回目の授業の時に、新入生を引き連れて図書館ツアーを行った。コンピュータによる文献探索の方法、古い新聞や雑誌を収めたマイクロフィルム室の利用のしかた、レファレンス室にある社会学関係のインデックス、レファレンス・ブックの紹介など、これからのセミナーで学生たちに要求する課題を見越して、あらかじめ文献リサーチの方法や資料の探し方について、学生たちと一緒に図書館の中を歩きながら具体的に教えていったのである。

Rさんは、社会学を例に、他の社会科学でも通用するペーパーの書き方について、基本文献の実際の講読を通じて明示的に教えたという。問題の立て方、先行研究の引用や参照のしかたとその基本的なルール、使用するデータについての説明の書き方、文献リストの書き方と並べ方、目的・分析・考察・議論・結論の明確な区分、などなど。大学での中間、期末レポートや論文の執筆で必ず必要となるいくつかの基本的なルールと方法について、実際に学生たちと一緒に文献を読みながらていねいに説明していったのである。

このほか、毎回の授業を通じて、文献の読み方のポイント、討論のしかたや発表のしかたなど、大学での学習に必要とされるスキルの伝達を、「労働と労働者」といったテーマを通じて実践的に行っていった。

アメリカの大学では、ここで述べたように、大学で学ぶために必須の基本的スキルをひとつひとつ特定化して、それをまずはきちんと教えることを重視している。いいかえれば「学ぶかたち」というものが、きわめて具体的ではっきりとしている。N大に限らず、おそらく、アメリカの大学に共通する教育の特徴は、こうした学ぶかたちが明確なことにあるといってよいだろう。

ほとんどの授業が共通して学生に求めるものは、たとえば文献講読の宿題（リーディング・アサインメント）、討論を通じての授業への参加、図書館でのリサーチを必要とするレポート（ペーパー）の執筆といったことである。そして、これらの課題をうまくこなしていくためには、具体的にどのような学習スキルが必要であるのかもはっきりと認識されている。そうした基本的学習スキルを大学に入ったばかりの学生たちに、一年目で確実に身につけさせようとするのである。もちろん、アメリカでは、こうしたスキルの教授は、日本の教育に比べれば、高校までの教育の中でもある程度意識的に行われている。それでも、大学で学ぶための基本的なスキルとして、もう一度あらためて学習し直す機会を与えようという意図が大学の側にあるのである。

学ぶかたちの明確さとは、いいかえれば、学習の方法が要素に分解＝特定可能な定型性をもっているということである。この定型性ということがアメリカの大学教育を特徴づけているといえる。学ぶかたちがはっきりとした輪郭をもって外枠を形成し、そうした一定の形式を備えたうえで、そこに盛られる内容のオリジナリティが求められる。期末レポートにしても、独自の問題関心にそった論述を、きちんとした文献サーベイや資料の探索を行ったうえで、一定のルールにしたがってフォーマットにのせて論述することをよしとする。もちろん、内容の独創性の有無が評価の重要な対象となることはいうまでもない。

教育の定型性が大学教育の土台と見なされているからこそ、それを意識的に身につけさせるセミナーが大学の一年目に準備されているのである。それを担当するのは、知識の点では未完成であっても、そのスキルを十分に身につけた大学院生で間に合う。あるいは、ほんの何年か前までは自分自身がそのスキルの習得に努めたTAだからこそ、ある意味ではベテラン教授以上に、自分の経験を反芻《はんすう》しつつそれに照らして、意識的に学習スキルの教育をうまくできるといえるのかもしれない。それを大学側も十分に承知しているので、大学院生の教える経験の場として新入生セミナーをTAたちにまかせているのである。

日本の大学における学習と教育

アメリカの大学での教育と比較した場合、日本の大学における学習は、すでに述べたような意味では定型性を欠いているようにみえる。現在、日本の大学で一般に行われている通年の講義＝試験形式の授業なら、毎週一回教授が文字どおり「教え授ける」知識を学生たちはノートにとる。試験の前には、とったノートをまとめ直すか読み直すかして、教授から授かった知識の正確な理解と暗記にはげむ。あるいは輪読形式の演習であれば、ゼミの先輩たちの発表を見よう見まねでレジュメをつくり、なんとか発表をする。発表の担当でなければ、文献を全部読んでくることもあまり必要とはされない。試験ではなくレポートが課題となった場合でも、きちんとした注、引用、そして参考文献リストのつけ方、図書館での文献リサーチまでを要求することはあまり多くはない。理科系の場合には多少事情が異なるだろうが、人文・社会科学系では、学ぶ側の基本的なスキルを細かく特定しているとは言い難い。要するに、学ぶかたちがはっきりしていないということだ。

さらにいえば、ノートをきちんととる、演習の文献に全部目を通しておくといった基本的なことすら十分やらず、もっと悪い場合には、授業中後ろの席でおしゃべりに興じて講義さえまじめに聞かないといった、最低限の学習責任さえ果たさない学生も少なくない。それでも、試験前に友だちのノートをコピーして、ちょっと勉強すれば、単位だけはなんとか取得し卒業できる。そういった、「甘い」授業が日本の大学に少なからず存在することは事実である。アメリカの大学のように、基本的な学習スキルを身につけていなくても、知識の受容さえ形式的に行っておけば、それで十分なのである。その結果、論理的な文章を書けない、人の前で自分の意見をきちんと話せない、人の話をまともに聞けない、自分で何かを調べる方法を知らない、そういった学生が、大量に大学から日本社会へと出ていくことになる。

別の言い方をすれば、日本の大学では学ぶためのスキルが渾然一体となっていて、それをひとつひとつに分解して意識的に身につけさせようとすることが少ないということである。このような学ぶかたちの不定型性は、日本の教育が大学レベルに至ってもなお、少なくとも文科系に関する限り、知識の伝達ということに重点が置かれていることを示している。知識の教授を強調する教育のパターンは、知識の受容という受け身の学習と対応している。受動的な学習のパターンは、学ぶかたちの定型化を必要としない。たとえ学ぶかたちが不定型でも、一方向的な知識の伝達を「教育」として観念しているので、そこにもそれなりに「教育」が成立するのである。

このような教育と学習のパターンは、日本の大学のそもそもの歴史的背景に由来しているのかもしれない。日本の大学は、欧米に追いつき追い越せをモットーにした日本社会にあって、長い間、外来の「知識の輸入」を行う本拠地であった。教授たちが外国から新しく仕入れた知識を学生たちに伝えることが、日本の大学の重要な役割であったのである。[4]そもそも大学に期待されていた、このような知識伝達を重視した機能からすれば、先に述べた教育と学習のパターンが日本の大学に伝統として残っていることも無理からぬことである。

あるいは、戦前期の大学の法的規定にあった学問の「蘊奥《うんおう》ヲ攷究《こうきゅう》スル」ことを旨とする日本の大学の伝統的な理念に照らせば、その「蘊奥」に近づくための方途は、あいまいであるからこそ「高尚」と見なされたのかもしれない。その方法を、だれにでも習得可能なスキルに分解して意識的に伝達するよりも、研鑽《けんさん》を重ねて「まねて学ぶ」ことによってそこに至る——剣術の奥義の開眼にも似たとらえどころのない学習方法が伝統的に尊重されてきたとも、現代の日本の大学の教授—学習パターンになんらかの影響を残していると考えられる。

いずれにしても、私自身の経験に照らしてみても、日本の大学では図書館の使い方、論文の書き方の基本的ルール、研究の具体的方法といったものを、意識的、体系的に教えられたことはない。現在教える側に立ってみても、先に紹介したようなN大の新入生セミナーのような学習スキルの伝達を意図した授業が日本の大学で広く行われているようには見えない。むしろ、こうしたスキルは、上級生や先生のやり方を参考にしたり、『知的生産の技術』や『論文の書き方』といった類の本を自分で読んだりして、試行錯誤の末に身につけていく。私自身も自分なりの経験を通して、アメリカの大学院でも通用するスキルを磨いたのである。

皮肉な見方をすれば、日本では、あたかもそうしたスキルを自然に身につけたというくらいがあたりまえと見なされているのかもしれない。しかし、大学院に進学するような学生を別にすれば、実際にはそうしたスキルを身につけることなく、大学を卒業していく学生も多い。身につけずとも卒業できるといったほうがよいのかもしれない。アメリカの大学生には必須のサバイバルキットも、日本の大学ではそれほど重視されていないということである。

4 TAの勤務形態と財政援助としての意味

N大の事例をもとに、TA制度について紹介してきた。これまでの紹介は、ひとつの大学のケースにすぎず、しかも私の見聞の範囲に限られた報告であった。こうした欠点を補うために、ここでは視点をアメリカ全体を俯瞰《ふかん》する高みに移し、現在のアメリカの高等教育におけるTA制度の実態を描き出しておこう。やや退屈な数字の羅列になるかもしれないが、全体の傾向を把握するうえで避けられない作業である。

■表1――大学院生による助手の仕事

(%)

	研究	授業	成績評価	試験の実施	その他
社会科学	27.4	21.3	18.4	14.3	18.6
教育	19.0	28.5	12.5	9.2	30.7
語学	6.6	33.6	25.5	17.9	16.4
歴史	13.1	26.7	27.2	17.0	16.0
心理学	30.5	18.8	17.4	10.3	23.0
数学	11.4	36.7	25.4	18.2	8.2
生物学	31.6	27.3	18.4	12.1	10.6
工学	42.9	19.6	18.3	6.8	12.3
全体	25.4	26.3	19.5	11.6	17.3

出典：Chase 1970による。注5を参照。

TAの勤務内容

すでに述べたように、TAといってもそこにはさまざまな仕事が含まれている。データとしては古くなるが、全国的な実態を調査した研究をもとに見てみよう。[5]

はじめに、研究助手や事務的な仕事などを含む大学院生による助手の仕事全般について見ると、表1に示すように、全体では大学院生による助手の仕事は、授業の担当（teaching）（二六・三％）、研究助手（二五・四％）、成績評価（grading papers）（一九・五％）、試験問題の作成／試験の実施（一一・六％）の四つからなっている。このうち、TAの仕事と見なしうる授業、成績評価、試験の三つを合計すると五七・四％と、助手職に就いている大学院生の半数強がＴＡをつとめていることがわかる。

これを学問分野別に見ると、社会科学、心理学、生物学、工学といった領域では他の分野に比べ、研究助手を勤める者が多く、語学、歴史、数学といった分野では研究助手が少ない。一方、授業を担当するＴＡが多いのは、教育、語学、数学といった分野である。成績評価（レポートの採点）が多いのは、語学、歴史、数学といった学科である。さらにこれら三つの学科では、試験の実施、監督をつとめる大学院生の割合も比較的高い。

こうした学問分野ごとの違いは、おそらく研究助成金の額の違いに由来する研究助手ポストの数の違い（とくに工学系の場合）や、学部レベルでの教授方法、そして成績評価の方法の違い（語学、歴史、数学の場合）を反映していると考えられる。

表1は、しかしながら研究助手やその他の助手職を含んでいるために、ＴＡの仕事の内訳を正確には示していない。そこで表1をもとに、ＴＡの仕事と見なしうる授業の担当、成績評価、試験の実施の三つを取り出して計算し直してみた（表2）。これを見ると、ＴＡをつとめる大学院生の約四六％が授業を担当していることがわかる。分野により若干の違いはあるものの、歴史を例外としてすべての分野で授業担当者の割合が最も高い。成績評価や試験の監督、実施といった補助的な仕事よりも、実際に教える仕事に就いているＴＡが多いので

ある。

これらの数字は六〇年代に調査されたものであり、現在の時点では大きな変化が見られるかもしれない。しかも、調査方法の点でも、ここにあげた数字を読む場合には注意がいる。というのは、一人のＴＡが、たとえば授業も試験の監督もするといったように複数の仕事を担当している場合、ここにあげた数字からは、ＴＡの仕事全体の中でのそれぞれの内訳がわからないからである。そこで全国的な調査ではないが、ある地域の八つの大学を対象に、一九八〇年代に行われた調査の結果で補足しておこう。[6]この調査では複数回答を許しているので、合計は一〇〇％を超えるが、ＴＡが実際に複数の仕事をこなしている場合が多いという実態から見れば、むしろこちらのほうが現実に近い数字になっていると見てよいだろう。

さて、この調査では、ＴＡの仕事は、成績評

■表２――ＴＡの仕事

(%)

	授　業	成績評価	試験の実施
社会科学	39.5	34.0	26.5
教　育	56.8	24.9	18.3
語　学	43.6	33.1	23.3
歴　史	37.7	38.3	24.0
心理学	40.4	37.5	22.2
数　学	45.6	31.7	22.7
生物学	47.3	31.8	20.9
工　学	43.9	40.8	15.3
全　体	45.9	33.9	20.1

出典：表１と同じ。

価と質問・相談教室（約九〇％）、試験問題の作成、討論・復習クラスの担当（約七〇％）、講義の担当（約六〇％）、実験の指導・監督（約五〇％）といったようになる。複数回答を許した場合、成績評価や質問への受け答え、試験の実施や討論クラスの担当のほうが、授業の担当の比率よりも高くなる。TAに与えられる教育経験の内容は、Jさんの例に示したように、アシスタントの名のとおり補助的なものが主流を占めるのである。しかし、それでもTAのうち約六割のものは、先に見たRさんやH君のように授業を担当しており、アメリカの学部レベルの授業には大学院生が教える授業が少なからずあるという傾向は確認できる。

TAの勤務時間

それでは、TAの勤務時間についてはどうだろうか。残念ながらTAのみを取り出して勤務時間の分布を調べたデータはなく、TA以外のすべての助手職を含む結果である。しかも、数字は前と同じ六〇年代の調査にもとづいている。それでも、だいたいの傾向をみることはできるだろう。図1によれば、一週間あたり二〇〜二四時間勤務するものが約三分の一を占め最も多く、続いて一〇〜一四時間の一五・四％となる。一週四〇時間以上勤務する助手も一五％近く存在する。平均値を算出すると、一週あたり二一・七時間、これは一日平均約四

■図1――大学院助手の1週間あたりの勤務時間

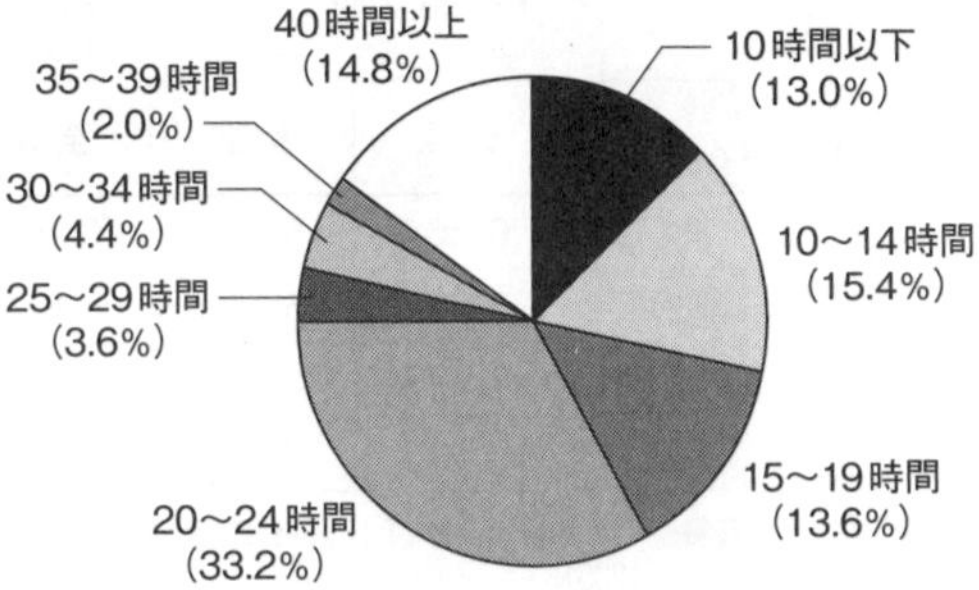

時間の勤務を意味する。大学院の授業の準備や学位論文のための自分の研究に要する時間を考えれば、この数字から、助手の仕事が大学院生のかなりの時間を拘束していることがわかる。

また、ＴＡをつとめる大学院生が大学院修了までに何学期(セメスター)にわたってＴＡ職にあるかを見ると、学問分野によってばらつきはあるものの、だいたい三〜五学期となる。[7] この調査が行われたのと同じころ、学位取得までの大学院の平均在籍学期数は約一〇〜一二学期であった。したがって、ＴＡをつとめる大学院生の場合、大学院時代のおよそ三分の一近くはＴＡをつとめているということになる。

財政援助としてのＴＡ

ＴＡ制度のもうひとつの重要な側面は、ＴＡの提供する教育サービスへの報酬として、大学院生に対する財政援助となっていることにある。それでは、ＴＡは大学院生の財政援助としてどのような役割を果たしているのだろうか。ＴＡの報酬はいくらくらいか。それはどのように分配されているかを見ていくことにしよう。

奨学給付金としてＴＡがどの程度の額を支給されているのかをはじめに見よう。ＴＡは通常、授業料免除に加えて給付金が支給される。すべての学問分野を網羅するデータは入手できなかったが、化学、電子工学、経済学、英語のＴＡについては一九八四年度の年間の支給額を知ることができた。[8]

■表３──分野別・設置者別ＴＡの平均給与額（9〜10カ月分）

（USドル）

分野＼設置者	公立	私立	全体
化学	6,264	5,756	6,109
電子工学	5,662	6,599	5,672
経済学	4,979	5,188	5,033
英語	5,495	4,766	5,266

資料：The Chronicle of Higher Education（Jan. 13, 1985）

この表３によると、一週あたり二〇時間以上ＴＡを勤めている博士課程の大学院生は、年額（ただし、九〜一〇カ月分として算定されている）四八〇〇〜六二〇〇ドルくらいの支給を受けている。概して、化学、電子工学といった理科系のＴＡの給付額は、経済学、英語といった文科系のＴＡより多い。また、私立と公立との間には、学問分野を超えた一貫した傾向は見られない。

月額にすれば、最も少ない私立大学の英語のTAの四五五ドルから、公立大学の化学のTAの六六〇ドルまでの幅がある。TAの支給額は決して多いものではない。生活費のおよそ六～七割を補助する程度と見てよいだろう。先に見た一週間あたりおよそ二二時間という勤務時間を考えると、授業料免除が含まれるとはいえ、この支給額は決して高いものではない。[9]

だれがTAになっているか

それではこのような財政援助としての意味をもつTA職はどのように分配されているのだろうか。はじめに、大学院生全体のうちどのくらいがTAを含む助手職に対する給付金を授与されているのかを見よう（表4）。全体を見ると、一九七六年では全大学院生の約一七％、一九八四年では約一九％が助手職を与えられているにすぎない。[10] このうちどれだけがTAとしての報酬を受けているのかを示す全国レベルの数字を見つけることは、残念ながらできなかった。そこで、一九八五年に中西部の大規模なある州立大学で行われた調査を見ると、[11] TAとそれ以外の助手職との割合はおよそ二対一となっている。また、時代はやや古くなるが一九五四年と六五年に行われた全国調査でもほぼ同様の比率を示している。[12] この比率を用い

■表4――機関の種類別助手の分配

(%)

機関	助手職全体			奨学金		
	公立	私立	全体	公立	私立	全体
1976年 全体	17.7	12.8	16.7	2.7	8.3	3.1
1984年						
マスターのみ	6.5	4.1	6.0	―	―	―
ドクターまで	21.7	17.6	20.7	―	―	―
全体	19.7	16.1	18.9	2.9	8.5	4.2

出典：1976年のデータは、Report on the Council of Graduate Schools-Graduate Record, Examinations Board 1977-78 Survey of Graduate Enrollment, 1984年のデータは、The Chronicle of Higher Education (Jan. 13, 1985) による。

て計算すると、TAとして財政援助を受けている大学院生は、院生全体の一〇～一二%くらいであると見ることができる。[13] およそ一割というこの数字は、修士課程の大学院生を含めた数字であり、博士課程の学生だけを取り出せば、もう少し高くなるのかもしれない。とはいうものの、TAの職にありつける院生の割合は決して大きくはない。それでも職務義務の伴わない奨学金授与者の三・一%（一九七六年）、四・二%（一九八四年）といった受給率に比べれば、TAのそれはその三～四倍にあたる。このような数字からすれば、TA職が大学院生の財政援助として重要な意味をもつことは否定できない。

TAのみを取り出すことはできないが、大学の種類別の結果についても見ておこう。表4が示しているように、助手職のチャンスは修士課程だけをもつ大学よりも博士課程までを設置している機関で圧倒的に多い。研究大学に研究助手が多いといった大学種別の研究助手の率自体の違いによるのかもしれないが、大規模で研究を重視している機関ほどＴＡの需要と供給が多いためといえるだろう。また、ＴＡに就くチャンスは、私立より公立大学で多く付与されている。一方、職務義務の伴わない奨学金の場合には、私立のほうがもらっている学生の比率が高い。

それでは、どのような大学院生にＴＡになるチャンスが与えられているのだろうか。中西部のある州立大学を対象とした研究によれば、ＴＡを受けている学生は応用的な研究をする学科よりも純粋研究の分野の学生に多く、修士課程よりも博士課程の学生により多くのチャンスが与えられている。[14] また、人種別に見ると、非白人よりも白人のほうがＴＡになるチャンスは大きい。成績についてはどうか。やはり学部時代の成績の平均点が高い学生ほど、ＴＡになっている。また大学院入学の際に課されることの多い、一種の入学試験であるＧＲＥ（Graduate Record Examination、大学院入学のための共通試験）の成績との関係では、言語部門の点数が高い学生ほどＴＡになるチャンスを多く与えられている。このように、ＴＡ職はある程度業績原理にもとづいて分配されている。[15]

5 TA小史

さて、これまでは、TA制度の現状を中心に見てきたわけだが、次にしばらく時間をさかのぼって、TA制度の歴史を見てみよう。TAという制度は、アメリカの高等教育の発展の中でどのように位置づけられてきたのか、どのような歴史的経緯で生まれ、発展してきたのか。ここではTA制度の起源とその後の発展の軌跡を追うことにしよう。

TAの起源

TAに関する研究を集め、幅広い文献調査を行ったチェイスという研究者によれば、残念ながらTA制度についての歴史研究はあまりない。しかし、限られた文献をたどりながらも、チェイスはTAの起源を、一八五〇年ごろに始まる大学院生への財政援助のひとつの形態に求めている。

一八七六年、アメリカ史上はじめての大学院大学、ジョンズ・ホプキンズが設立された。この大学院大学の設立当時の学生であった後の第二八代アメリカ大統領、ウッドロー・ウィルソンの伝記によれば、彼もまた、他の学生と同様に、収入を補うために街に出て講義をして稼いだという。チェイスはこの例を引いて、「大学の外で行われていた大学院生による講義が、やがて大学内部での学部学生に対する講義に自然に移行していった」ことを、TAの起源と見ている。[16]

一九世紀の終わりごろになると、ジョンズ・ホプキンズに続いて、クラーク大学、シカゴ大学といった大学院を中心とする大学が次つぎに設立されていった。さらに、それ以前にすでに存在した東部の諸大学も大学院教育に力を入れ始める。一九世紀末から二〇世紀の初頭にかけて、アメリカの高等教育界は大学院教育普及の時代を迎えるのである。こうした大学院教育の開花の中で、一九世紀の最後の一〇年間に、学部学生の教育に携わることが大学院生の財政援助になるTA制度の原型がアメリカの大学に定着していった。かつてのハーバードの大学院生の回顧録は、当時のTAの様子を次のように記している。

ハーバードの大学院での一年が過ぎたころから、私はエリオット学長から英語の講師を任じられた。一週間に七〇〇を超える（学生の）ペーパーを読み、点数をつける。ほとんどは短いものだったが、時には大部のものもある。部屋に入ると決まって私を待ち受けるペーパーの山が堆《うずたか》く机をおおっていた。その一年間は、ほとんど本は読めなかった。時間がなかった。眠りにつけたのはいつも真夜中だった。[17]

ここに示されているように、TAはもともとは大学院生に対する財政援助的な性格をもって始まった。そこには大学教師になるための訓練という性格は与えられていなかった。そして、仕事の内容も成績評価の手伝いといった補助的なものが主であったと推測できる。

潮木守一氏がいうように、このころのアメリカの大学は、まだ「研究活動を大学教師の役割の中核にすえる発想」が「ユニーク」と見られる時代にあった。[18] こうした時代に、それまでのカレッジ教師の養成機関に代わるかたちで登場し急速に普及していったアメリカの大学院は、研究活動の専門家を大学教師として養成することを特徴とした。したがって、そこでは研究には高い価値が与えられるものの、教育に対する価値はそれよりずっと低位に置かれていた。[19] TAは、もともとこのように研究を重視する大学院で、学部教育への補助的なパートタイム・ジョブに対する報酬として、大学院生に与えられた財政援助に起源をもち、普及、発展していったのである。このようなTAの歴史的背景には十分な注意を払う必要がある。なぜなら、財政援助としてのTA職の拡大が、やがて学部教育の質の低下というかたちで、アメリカ高等教育界で問題とされるようになるからである。

ところで、研究重視の大学院教育の拡大は、学部教育の改革と密接な関連をもって進展した。学部教育からの大学院の独立は、専門職業教育を大学院に委ねることで学部レベルの教養教育の近代化を促進することになるのである。そこで登場した「アラカルト方式」とも呼ばれる新しい教養教育は、当時続々と登場していった新しい学問分野の隆盛を背景に、それぞれの専門分野の「専門職としての訓練を受けた、有能な研究者である教師」による教育を意味した。高等教育の比較歴史社会学の分野で著名なベン＝デービッド教授の言葉を借りれば、「最新の学部段階の教養プログラムのために、人文学および自然科学の教師たちが養成されなければならず、そしてこれらの教師への需要が、大学院の成長を促進したのである[20]」。

このように互いに関連し合う大学院と学部教育の発展の中で、ＴＡ制度は大学院生のための財政援助として根づいていった。しかし、ＴＡ制度を生み出した高等教育の歴史的背景は、研究と教育という時には対立し合うふたつの価値の間へと、この制度を誘《いざな》うことにもなっていった。そして、このふたつの価値の葛藤が問題として表面化してくるようになるのは、ＴＡ制度が大量に拡大していった第二次大戦後の高等教育の爆発的な拡大の時期であった。

■表5──TAの量的拡大と高等教育の趨勢（千人）

年	大学生数		大学院生数		TA数		教授数	
1960	2,954	100.0	356	100.0	32	100.0	154	100.0
1965	4,671	158.1	697	195.8	58	181.3	248	161.0
1970	6,737	228.1	1,031	289.6	87	271.9	369	239.6
1975	8,313	281.4	1,263	354.8	131	409.4	440	285.7
1980	8,749	296.2	1,343	377.2	138	431.3	466	302.6

資料は、1984-1985 Fact Book on Higher Educationによる。ただし、ここではpart-timeのjunior instructorをTAと見なしている。

TA制度の拡張期

一九世紀末に定着をみたTA制度は、仕事の内容や大学院生への財政援助を主たる目的とするといった点では、一九六〇年代に至るまでほとんど大きな変化がなかったといわれる。しかし、数のうえで見れば、戦後の高等教育の急激な拡大と歩調を合わせるように、いや、それをしのぐ勢いでTAは量的にも急速に増大していった。

表5は、一九六〇年以降のTAの量的拡大を、高等教育全体の拡大を示すいくつかの指標とともに示したものである。これを見ると、一九六〇年には三万二〇〇〇人だったTAは、七〇年には八万七〇〇〇人にまで増加している。一九六〇年を基準に一〇〇としてその後の増加率を計算すると（各欄の右側の数値）、TAは学部レベルの学生数よりも急速なピッチで増えて

いったことがわかる。一九七〇年までのわずか一〇年間で、ＴＡの数は二・七倍、七五年には約四倍にまで増えている。一九七〇年までの増加のペースは、むしろ大学院生の数のそれに近い。

そこでは次のようなメカニズムが働いていたと推測できる。すなわち、大学生の増大は大学教授の需要をつくり出す。そして、その需要を満たすために、研究者養成機関としての大学院が増設され、大学院生が増大する。その結果、このようにして増えた大学院生に対する財政援助として、ＴＡのポストも増えていったというメカニズムである。急増した学部学生への対応が、教育面で教授を手伝うＴＡをそれ以前にもまして必要とするようになる、といった直接的な関連もあっただろう。しかし、そうした学部学生の教育への対応の増大という要因とは別に、大学院教育の拡大自体が財政援助としてのＴＡの増加に結び付いた点も無視できない。

これとほぼ同じころに起きた大学教授職の変化もまた、ＴＡ制度の拡大を促すものであったと考えることができる"up or out"（昇進か、さもなくば退職か）という、アメリカの高等教育界でよくいわれる人事方式が大学に広まる中で、大学教育での下位の仕事を受けもつ教師の数が減っていった。Ｃ・ジェンクスとＤ・リースマンは、その変化を次のように述べている。[21]

第二次大戦以前は、主要大学の一流学者ですら、低学年の学生を小グループで教え、試験答案やレポートに目を通すなど、いわゆる「こども相手の仕事」にも精を出した。彼らの労働を補うものとして、年こそとっているが学問的には見るべきもののない講師や助教授がおり、身分保障もなく、地位も低く、給与もよくなかったが、山ほどのルーティンワークをさせるために雇用され、彼らもそれに甘んじていた。しかし、今や有名な学者で週六時間以上教えるものは少ない。（中略）学部学生の試験答案やレポートを読むものはさらに少ない。同時にアメリカ大学教授協会をはじめとする諸団体は、教員の昇進に関して「昇進か、さもなければ学外に去る」という規則を推進してきた。その結果、今日の主要大学においては万年助教授というものはほとんど影を潜めてしまった。

かつては、「万年助教授、万年講師」のやっていたルーティンワークが、今やTAの仕事となっていく。しかも、"publish or perish"（出版か、さもなくば死か）といわれるように、大学教師の昇進は教育の質よりも、研究の成果によって決定されるようになる。ジェンクスとリースマンが指摘しているように、「教師として有能であることが、多くの面においてはむしろ積極的にマイナスである場合も少なくない[22]」といわれるほどに、教育面での評価は大学という世界で大きな価値をもたなくなってしまったのである。

このような研究重視の環境の中で、「生き残り」をかけた若手の大学教師にとって、教育のために時間とエネルギーを割くよりも、自分の研究時間を確保することが重要となる。そしてそれを可能とする「助け」がそれまでの時代以上に必要とされるようになっていったのである。

ある大学の学部長は、「TAは大学における皿洗いのようなものだ」と評した。こうした言葉が表しているように、大学教育における「雑事」は、年配の「万年助教授」の手からも、研究業績をあげることで昇進をめざす若手助教授の手からも離れ、TAの手中へと委ねられるようになった。TAに対する需要は、こうした大学教師の昇進制度や業績評価のあり方の変化と密接に関連していたと見ることができるのである。

さらにまた、アメリカ高等教育界の財政的基盤の変化も、TAの量的拡大に寄与したと見られる。すなわち、連邦政府が支出する研究助成金に大学の財政がますます依存するようになるという変化がTA制度の発展に関連していたということである。

一九六七年に政府が研究・開発に助成した金額は、総額で一七〇億ドルに達した。この額はそれより一〇年前のほぼ四倍にあたる。[23] ところが、こうした連邦政府の助成金に依存するようになることで、研究の価値はますます高められていく。より多くの研究助成金を獲得するために、大学は優秀な研究者を集め、彼らが研究に専念できる環境をつくり出そうとする。そしてそれは、当然ながら教授たちの教育負担を軽減させる結果を生むことになる。[24] 大学において教育よりも研究を重視するというアメリカ高等教育がすでに備えていた傾向に、このような財政面での変化が拍車をかけたのである。そして、こうして生じた教育の空隙《くうげき》を埋めるために大学院生によるTA職への需要が伸びていったと考えられるのである。

問題の噴出

研究に専念すべき大学教授たちの教育負担を軽くするために、大学院生による「手助け」を活用する。そして、そのサービスへの報酬として大学院生に財政援助を与える。このふたつがTA制度の発展を導いた主な要素であった。しかしながら、こうした制度的な特徴を変えないままに急速な量的拡大をとげたTA制度は、高等教育全体の急激な拡張の中で、問題点を広く社会に露呈することになった。ひとつは学部教育の質の低下という問題であり、もうひとつは大学院生自身の研究生活への影響という問題である。

ＴＡ問題は、第一に大学の学部教育の質の問題というかたちで表面化した。一九六五年の第八九連邦議会の公聴会は、大学教育の質との関連でＴＡの問題点を次のように指摘している。

大学教授の不足と学部学生の増加というふたつの現象を考えれば、ＴＡが今日の高等教育の中でひとつの役割を担っていることは明白である。彼らが行っている教育の質は、彼らの所属する機関が、教育に対してどのような態度で臨んでいるかに大いに依存している。（中略）今や、ＴＡを大学教育に用いることについて再評価する時期が来た。そして、それぞれの高等教育機関がＴＡを適切に監督し、指導する責任をまっとうしているかについても、評価し直す時が来ている。[25]

大学生の急速な増加によってもたらされた大学教師の不足が、教育経験の未熟な大学院生を数多く教壇に立たせることになった。そして、それが大学教育の「質」の劣化を招いている。大学教育の質への懸念がＴＡ制度に対する疑念として、政治の場で論じられるまでに至ったのである。さらにより極端な見方には、TAの提供する質の低い大学教育が六〇年代後半の大学生の反乱の引き金となったとする議論さえもあった。[26]

そのころのTAによる教育の質がどのようなものであったのか、それを直接知る手立てはない。しかし、TAに対する計画的な指導や訓練プログラムが七〇年代まではほとんどなかったということは十分推察できる。アメリカの高等教育を総合的に論じたジェンクスとリースマンは、六〇年代のアメリカの大学教育について次のような観察を残している。

大きな大学における学部段階の科目は、一人か二人の長老教授と、何人かのTAの手で教えられることが多い。(中略)だが、これらの科目を担当する若手スタッフが定期的に会合して、学生から質問の出た知的な問題を討議し、その解明に有用と思われるような領域について研究し始めたという例を、われわれはひとつとして知らない。[27]

さらに、TA制度についてその制度の改革の必要性を強く意識して一九七〇年に書かれたチェイスの研究を見ても、例外的な大学を除けば、その時点までTAに対する適切な訓練プログラムはほとんど行われていなかったという。

ＴＡに対する組織的な訓練の欠如と並んで、ＴＡによる教育の質が問題視された背景には、大学院生の中でもだれがＴＡになるのかといった問題があった。一九六〇年代は、すでに見たように連邦政府による大学への助成金が大きく増額された時期である。それに応じて、大学院生に対する職務義務なしの奨学金や、増大した研究プロジェクトを通じての研究助手ポストの数も増えていった。この種の財政援助の機会が増える中で、奨学金や研究助手のポストのほうが、負担の大きいＴＡよりも大学院生にとって魅力ある機会であったことは、容易に想像できる。しかも、教育の成果よりも研究成果により高い価値が置かれる大学院の中では、教育を通じて財政援助を受け取るＴＡよりも、研究に専念できる奨学生や研究助手のほうが威信も高い。その結果、最も能力のある大学院生は奨学金や研究助手としての援助を受け、それよりもやや劣る大学院生がＴＡになるといった傾向が生まれる。

このような環境の中で、大学院生たちはジェンクスとリースマンが指摘しているように、「よいレポートや試験答案を書くことのほうが重視されているので、教えることなどには関心が払われないのだという結論を下すことになる」。そして、ＴＡの教えることへの動機づけが問題となり、必ずしもベストとはいえない大学院生による学部教育の実践が、「質の低い」教育の提供として問題視されるに至るのである。[28]

学部学生に対する教育問題と並んでTA制度が生んだ第二の問題点は、大学院における教育への影響であった。TAをつとめることで時間に追われ、学位取得までの期間が延長されてしまうという問題である。チェイスはいくつかの研究を引用して、研究助手や奨学金の受給者に比べ、TAを勤める大学院生の学位取得までの期間が長期化する傾向を指摘している。財政援助として出発したTA制度は、大学院教育の機会の拡張には寄与したものの、アカデミズムにおける「雑用係」を大学院生におしつけることによって、学位取得という大学院教育本来の目的達成を阻害する要因にもなりかねない。一九七〇年代の初頭には、そうした危険性に警鐘が鳴らされたのである。

歴史の教訓

「TAはアメリカ高等教育の最も創造的な発明のひとつである」と称賛したアメリカの教育学者は、この制度が大学院生への財政援助として役立つことと並んで、それが将来の大学教師の養成機能を果たしていることを評価して、こう述べたのであった。さらに、大学教師になるための組織的な訓練をほとんど提供していない日本の高等教育と比べれば、TA制度はアメリカの大学が教育という価値を重視している証しに見えるかもしれない。

しかしながら、ここでの小史が描き出したように、ＴＡ制度の誕生と発展は、教育の重視からではなく、それとは反対に研究の重視から生まれたものである。アメリカの高等教育は、研究を重視するあまり、教育のために大学院生という安価な「研究者予備軍」を投入した。当の大学院生にとっても、ＴＡで得られる授業料免除と金銭的な報酬とが大学院教育の継続を可能にした。ここに大学、教授、大学院生の三者の利害は一致をみる。しかし、この未熟な「研究者予備軍」の教育への利用は、大学教育の質の低下をもたらしてしまった。そうしたことが、高等教育の拡大期を経た六〇年代の大学紛争の中で、社会問題とされるようになる。ＴＡ制度に、次節で詳しく見るような大学教師の養成という新たな役割が付け加わるのは、研究重視の価値にしたがって拡張を続けたＴＡ制度が、教育の質の低下という陥穽《かんせい》に陥ってしまったことへの反省から出たものなのである。

こうして七〇年代に入り、ＴＡが行う教育の質を高めるためのプログラムの開発が本格化していく。しかし、このような展開は、はじめから意図されたシナリオではなかった。研究の重視という価値に従属する偏頗《へんぱ》なかたちで発展したＴＡ制度を、大学教師養成という「教育」のためにも有効に利用しよう――そうした「教育」の側からの揺り戻しによって、ＴＡ制度は新たな展開をみたのである。

このようなアメリカのTA制度の歴史は、私たちに次のことを教えている。すなわちTA制度は、アメリカ高等教育がつねに抱えてきた研究と教育というふたつの価値の緊張関係の中で、現在ある姿をもつに至ったということである。それはまた、今のTA制度にしても、この緊張関係から完全に逃れられているわけではないことを意味している。研究重視の価値が現在でも支配的なアメリカの高等教育界においては、TAは運用次第でいつでも「大学での皿洗い」という下働きに舞い戻ってしまう危険にさらされているのである。

6　大学教師養成プログラムとしてのTA制度

このようにTAの歴史を顧みると、少なくとも七〇年代に至るまでのアメリカの高等教育は、TAを大学教師の養成・訓練の機会として十分認識していなかったことがわかる。ジェンクスとリースマンが一九六八年に出版した『大学革命』の中で、問題点の多い現行のTA制度を改めインターン制度の導入を提唱したのも、チェイスがTA制度に教師養成プログラムとしての意味を与えようとするコーネルやロチェスターなどの先駆的な大学の提言・計画を紹介しているのも、TAに対する組織的な訓練が当時緊急の課題として認識されたからにほかならない。このようなさまざまな指摘を受けて、「教室というプールに飛び込んでごらん、さあ、泳げるか溺れるか」式の場あたり的なＴＡのあり方から、組織的、計画的なＴＡに対する訓練プログラムが七〇年代、八〇年代を通じて普及するようになっていく。学科を単位に行ったある調査によれば、ＴＡに対する訓練プログラムをまったく提供していない学科は、一九七九年には調査対象全体のわずか二〇％にすぎなかったという。[29] ＴＡの訓練プログラムは、この一〇年間に急速に制度化されていったのである。

それでは、ＴＡの訓練プログラムの実際はどのようなものだろうか。ここでは再びＮ大社会学科のケースにもどって、その実際の様子をレポートしてみよう。

TAセミナー

Ｎ大の社会学科の建物は、やや大きめの民家を買い取ったものである。臙脂《えんじ》色の建物のドアを開けると、右手にはかつては居間であった広い部屋がある。普段は学生たちのラウンジとして使われているこの部屋が、これから紹介する「ＴＡセミナー」の開かれる場所である。

部屋の奥には暖炉がある。日本風にいえば一五畳くらいの広さの部屋に、ほうぼうから集められた、古ぼけたソファーやイスが何の統一もなくおさめられている。秋学期の一〇週間、水曜日の三時になると、TAをつとめる院生を中心に、大学院二年目の学生十数名と、かつてTAをつとめた上級生の世話役、それに毎回ゲストとして迎えられる教授ひとりが、思い思いにこれらのソファーやイスにすわる。

正式には「大学での教授についてのセミナー Seminar in College Teaching」と呼ばれるこのセミナーは、博士課程の学生には必修の科目である。その名称が示すとおり、大学レベルの教授法について学ぶことを目的としたこのクラスは、セミナーといっても実にリラックスしたものである。

足を組むもの、カーペットにじかにすわって足を投げ出しているもの、ゲストの教授を囲むようにしてみんながすわる。毎回コーヒーが出されて、参加者は自分のマグカップを手にこの部屋に集まってくる。時にはだれかが、ポテトチップスやニンジン、セロリなどをもち込むこともある。コーヒーを飲みながら、あるいはニンジンを噛りながら、二時間近いセミナーの前半の三〇分から一時間くらいは、毎回決められたテーマについてゲストの教授が話をする。そして、その後はディスカッションというのが、だいたいのセミナーの進め方である。

ある年のTAセミナーで取り上げられたテーマは次のようなものである。

○討論の指導について
○レポートや試験の出題のしかたについて
○レポートや試験の採点、評価について
○講義について
○社会学概論の教え方について
○シラバスのつくり方について
○研究計画の指導について

ここでは、こうしたセミナーでどのようなことが話し合われているのかを、いくつかの具体例をもとにレポートしよう。

「討論の指導について」がテーマの日のことである。討論クラスを受けもっているJさんをはじめとするTAたちの問題提起に、この日の担当であるM教授が答えるというかたちでセミナーが始まった。

はじめに、討論クラスで使っている部屋についての不満が出された。「人数の割に部屋が広すぎて討論がしにくい」と社会学概論のTAをつとめているPさんが口火をきった。「僕の部屋は机とイスが床に固定されていて、学生が向かい合えない。部屋を変えることは可能ですか」とK君が続けた。

こうした意見に、M教授は「教室の変更についてはすぐに考えてみよう」と、実際的な解決策をまず提案。続けて、どのくらいの人数が討論に適しているか、どういう机やイスの配置が話しやすいか、といった基本的で、一般的な話を展開していく。人数が多すぎる場合には、サブグループをつくる工夫や、クラス全体を分割してしまう案など、限られた時間、空間の中で、効果的な討論を可能にする条件について説明をする。

次にJさんが取り上げたトピックは、日本の大学教育に慣れきった者には意外に映ることだった。Jさんの討論クラスに、よく発言する女子学生がいる。彼女は、しばしば自分のプライベートな問題に討論のトピックを引きつけた発言をする。たしかに、Jさんもはじめはこういう学生が議論を盛り上げてくれるのではないかと期待した。しかし、毎回同じように彼女ひとりがリードしてしまう討論の時間は、結局ほかの学生の参加を妨げてしまうというのである。その女子学生の議論のしかたが自分自身の経験に偏りすぎているために、かえってほかの学生の発言を抑えてしまうのである。

この話をきっかけに、ほかのTAたちからも「しゃべりすぎる学生」の問題が続々と紹介された。Jさんの例は、決して特別なことではないようである。日本の教室なら、学生が発言しないことが最初に問題にされるのだろうが、ここではそれとはまったく逆のことが問題となり、TAセミナーのトピックとなる。M教授はどんな答えをするのだろうか。

「最善という方法はないが……」と断ったうえで、M教授が示した案はなるほどと思わせる妙手であった。「私なら、彼女を討論の司会者にしてしまうね」。司会者に祭り上げられることで、いくぶん彼女の意見は抑えられる。「それに司会者になることでその学生自身、ほかの学生の討論への参加ということについて考えるきっかけになるだろう」。これがM教授が示した解決策であった。参加している院生たちはなるほどという顔つきでM教授の話に聞き入っている。Jさんはほっとした顔つきになった。

続いて、議論が不活発な場合が問題になった。M教授は、討論の成功、失敗は討論の指導者がどういったトピックを提出できるかによって決まることを強調した。出された問題が抽象的すぎなかったか、関連する事項についての知識を前もって十分に準備したか、学生にとって身近な例を示したか、などなど、TAの側で工夫できることがらについてのチェックリストをあげていく。

「それでもうまくいかないときの奥の手を伝授しよう」。M教授は次のような方法を紹介した。

社会問題に対する意見や社会学説について、賛成のグループと反対のグループとにクラスを分ける。ただし、分け方は学生の意見によらず、恣意的に行う。机の右列対左列というようにである。こうして、互いに相手の意見を論破し、あるいは味方の意見を弁護するような「論争」の場をつくり出す。アメリカの学生たちにはなじみの深いディベートと呼ばれる方法である。「ただし、多用は禁物だよ」とM教授は付け加えた。

もうひとつ、TAセミナーの様子を伝える具体例を紹介しておこう。この日は、試験とレポートの採点、評価がテーマであった。担当のJ教授の話がすんだ後で、中間レポートの時のある「事件」についてG君が話し始めた。

レポートの締切りの数日後に、ある学生がG君のオフィスアワーに現れた。母親が急に病気になり、急遽帰省しなければならなくなった。それで締切りに間に合わなくなったのだが、今からでもレポートを受け取ってくれるか、というのである。レポートはまだ採点中でG君の手元にあった。こういう場合、どう対処したらいいのかというのがG君の提起した問題である。

この発言がきっかけとなって、似たような例がいくつも出された。おじさんやおばさんが病気になったとか、亡くなったという話は、よく使われる「言い訳」の例だという。両親を例に出すのはさすがに気が引けるのか、ちょっと離れた親類が「病気」にされたり、「殺され」たりするらしい。出産のために試験を受けられなかったという女子学生の場合は、本当だとわかり追試を許されたという報告もあった。寒い日には氷点下摂氏二〇度以下にもなる中西部の街ならではの話だが、冬学期には車が動かなくなったという弁解が多い。

実にいろいろな言い訳が使われている。また、実際にいろいろなことが本当に起きてもいる。レポートの提出の遅れや試験日の欠席をなんとか「正当な」理由で容赦してもらおうとする学生の「努力」がうかがえる。こうした学生たちの弁明に許しを与えるべきかどうかに議論が集まる。事の真偽を判断する場合、どこまで学生のプライバシーに介入できるのか、明白にウソとわかるような弁解にはどう対処したらよいのか、レポートの遅れの場合何日くらいまでなら受け取ってよいのか、あるいは遅れに対してマイナス点を与える場合の基準は何か、こうしたことの判断にTAの裁量はどの程度まで許されるのかなど、議論は沸いた。

ここではごく一部の紹介にとどめたが、TAセミナーの雰囲気の一端はこれで伝わったのではないかと思う。大学院では「教える」側と「教わる」側にある教授と大学院生が、ここではともに「教える」側に立つ。こうした関係の変化も興味深い。つい一年前までは「教わる」側にいた若い院生たちも、ここでは教授と対等の「教える」側の人間として討論に参加する。「教わる」側から「教える」側への「越境」は、大学教師になるうえでの「予期的社会化」の効果をもつのではないだろうか。教師の役割を教師になる以前に先取りすることによって、あらかじめ教師になるための社会化が進行する。「教える」側の舞台裏を覗き見ることで、「教わる」側から「教える」側へのイニシエーションが行われるのである。大学教育に役立つノウハウを学ぶことと並んで、大学院生に将来「教える」者としての自覚をあらかじめ与えておく「儀礼」としても、TAセミナーは重要な機能を果たしているのである。

いずれにしても、机上の理論として大学教授法を学ぶのではなく、TAという教育実践との絡みで授業に関わるさまざまな問題が取り上げられ、議論が行われている。そこにTAセミナーの特徴があるといってよいだろう。参加している院生たちはだれも、自分の教育の現場を抱え、具体的な問題をもち寄ることで、そこでの討論は実際的、実用的になるのである。

TAの訓練プログラムの種類と効果

さて、これまでは、N大の社会学科のTAセミナーというひとつの事例をもとに、TA制度の大学教師養成プログラムとしての側面について紹介をしてきた。しかしながら、「TA小史」のところで明らかにしたように、こうしたTAの大学教師訓練期間としての意味合いは、歴史的に見れば決して古いものではない。むしろ、TAに委ねることが、学部教育の質の低下をもたらしてしまったという反省のもとに、TAを大学教師養成の機会として積極的に活かしていこうとする方向転換を経て、多様な訓練プログラムが一九七〇年代以降に開発されていったのである。その結果、TA制度は、大学院生に実地の教育経験を与えるだけにとどまらず、教育技術を高めるための訓練プログラムとセットになって発展していった。

先の節では、その一例としてN大社会学科の事例を見たわけだが、アメリカの高等教育全体としては、もっと多様な訓練をTAに提供している。次に、そのプログラムの種類とその成果について見ておこう。

多様な訓練プログラム

TAに対する訓練プログラムは、その実施主体、期間、方法といった点から見て、大学によって実にさまざまなものが提供されている。ここでは、どのようなプログラムが実施されているか、また、それぞれの長所、短所は何かを見ることにしよう。[30]

(1) コース担当者が提供するプログラム

はじめに紹介するのは、授業担当の教授が個別に担当のTAを訓練する場合である。こうしたプログラムの場合には、授業の内容と訓練との統一性が高いというメリットがある。さらに、TAと教授との個人的な関係をベースに指導の機会を与えられるので、スケジュールの調整がしやすく、さまざまな事務的手続きを回避できることも長所である。また、訓練にかかる費用という点でも、このような個人ベースの指導は安価につく。しかしながら他方で、個々の教授に指導の責任が委ねられるので、訓練が体系的でなくなるといった欠点がある。また、担当教授が替わるたびにプログラムの内容も変わってしまうといったその場限りの訓練に終わってしまう可能性も否定できない。

(2) 学科が提供するプログラム

先に見たN大の社会学科のように、学科によっては大学院生にTAの実践を義務づけているところがある。そのような場合、N大もそうであったが、TAのサービスに対して大学院の単位を与えているところもある。N大の社会学科のTAセミナーのように学科が訓練プログラムを提供している場合には、個々の教授が行うよりも継続性があり体系化が行われやすいという長所がある。さらに、学科自体が学問分野ごとに組織されているので、その学問に即した訓練内容を盛り込むことができる。先ほどのN大の例では、社会学概論をどう教えるかといった具体的で教師になってからすぐにでも役立ちそうな関連性の高い訓練を提供できるということである。しかも、このようなセミナーの履修に大学院の単位を与えている場合には、TAを勤める大学院生の単位履修の負担を減らすことができるというメリットもある。

さらに、学科全体が研究のみならず教育をも重視しているといった雰囲気を大学院生に伝えることや、通常は「教える」側と「教わる」側とに分かれている教授と大学院生とが、ともに同じ立場に立つことで、教師になるための一種のイニシエーションが行えるということも大きなメリットといっていいだろう。

他方、教授の多くが教育よりも研究を重視しているような学科の場合には、TAの指導は研究業績の乏しい教授まかされてしまうといった危険がある。このような場合、訓練プログラムに対する学科の予算配分上の制約も問題となりうる。また、指導にあたる教授は、その分野の専門家ではあっても必ずしも教育一般についての広い知識をもち合わせているわけではない。新しく開発された教授法や教育技術の取り入れという点では、立ち遅れる可能性もある。旧態依然とした教授法が、教授から大学院生へと世代を超えて伝達されていく危険性を含んでいるのである。

(3) 教育学部が提供するプログラム

教育学部が、TAに対する訓練プログラムを主催ないし協賛する場合がある。この種のプログラムの強みは、教育についての専門的な知識、経験を提供できることにある。また、予算面で教育学部のそれを流用できることなどもメリットといってよいだろう。ただし、研究志向の強い大学では教育学部のプレスティージは他の学部に比べ低いことが多く、それが他の学部との協力関係を難しくするといった不利な面もある。

(4) 学部（研究科）が提供するプログラム

単一の学科が提供するプログラムに比べ、学部が行う訓練プログラムはさまざまな学問分野から教育の専門家を集めることができる。学科が行う場合には、プログラムにフルタイムである専任教授を確保することは難しいが、学部単位の場合にはそれも可能である。継続性も高い。

他方、学部ごとに提供されるプログラムの質に格差が生じやすい、とくに予算面で学部間の不均衡が生まれるといった問題、規模が大きくなる分だけ学問的な関心より管理面が強調されるといった懸念もある。

(5)　大学全体のプログラム

N大でも、学科単位の訓練プログラムに先立つかたちで、大学院全体のTA向けのセミナーが開催されている。この全体のセミナーでは、参加者全員に大学院（グラデュエートスクール）が用意した『ティーチング・アシスタント・ハンドブック』という小冊子が配られる。この小冊子には、TA制度の基本的理念に始まり、TAの仕事に関する一通りの一般的諸注意と仕事をこなしていくうえでのヒントが書かれている。セミナーでは各学科から教授たちが出席して、このハンドブックをもとに、それぞれの立場からTAの仕事についてのレクチャーをする。

このような大学の管理部が提供する訓練プログラムには、予算面での措置が容易なこと、学部間の連携・協力を得やすいといった利点がある。また、TAの訓練に最も相応《ふさわ》しい人材を大学全体から招集することもできる、さらに、外国人のTAや実験担当のTAといった学部を超えたＴＡ訓練の必要性に容易に応えられるなどの長所がある。その半面、大規模化が進むだけ官僚的になり、ＴＡ相互間、ＴＡと教授間のインフォーマルな交流が難しくなるといった欠点もある。

ここにあげたさまざまなプログラムは、そのうちのひとつだけが行われているというようなものではない。すでにＮ大の例に見たように、大学全体のセミナーと並んで、学部や学科単位のプログラムも行われている。また、それよりはインフォーマルなかたちで、科目担当の教授とそこについているＴＡとの個人ベースでの指導もさまざまな機会に行われている。いずれにしても、このように多様なレベルでのＴＡの訓練プログラムをアメリカの高等教育が開発し、普及させてきたという事実に着目しておく必要がある。ＴＡの経験はこうした豊富な訓練プログラムとセットになった時にはじめて、大学教師の養成期間としての意味を与えられるようになったのである。

訓練プログラムの成果

それでは、このような訓練プログラムは、どの程度効果をあげているのだろうか。ＴＡの訓練プログラムの効果について、これまでに行われた実証的な二六の調査研究を批判的に検討したあるレビュー論文によれば、訓練プログラムはたしかに、ＴＡの態度や教授行動に変化を及ぼしているといえる。[31]

たとえば、訓練を受けたＴＡは受けなかったＴＡに比べて、学生に質問したり、学生の考えを授業の中に取り入れて利用しようとしたり、授業中学生を励ますといった活動に多くの時間を割くようになるという。そしてその分、一方的に講義をする時間や、指示を与える時間、学生を批判する時間が減少するというのである。さらに、ＴＡの訓練は、テストを有効に利用しようというようにテストに対するＴＡの考え方を変える効果も見いだすことができる。また、マイクロティーチングなどの特定の教授方法に対する態度にもポジティブな変化が見られたという。とはいうものの、教師としてのキャリアに対する、より広範な態度にまで変化が及ぶことを示した研究はない。

それでは、訓練プログラムを経験したＴＡと経験しなかったＴＡとでは、実際に彼らの指導を受けた学生たちに教育達成の違いが現れるのだろうか。そうした点を調べた調査の結果をまとめると、訓練プログラムを受けたＴＡに指導された学生のほうが、訓練を受けないＴＡの学生に比べて、よりよい成績をあげていることが示されているという。また、授業に対する学生の評価についても、訓練を受けたＴＡのほうがより高い評価を学生たちから与えられている。これらの研究をレビューした研究者は、それぞれの研究が対象とした訓練プログラムの種類も、学問領域も異なることから、一般的な結論は下せないとしているが、ＴＡの訓練プログラムが、なにがしかの教育効果をもっていることは明らかなようである。[32]

7　日本の大学にＴＡは必要か

これまで、さまざまな角度からアメリカの大学におけるＴＡ制度の諸側面について見てきた。ここからは、これまでの検討をふまえて、ＴＡ制度がどのようなメリット、デメリットをもっているのかを考えてみよう。そうした作業の後で、ＴＡ制度の日本の大学への導入がどのような意味をもつのかについても検討を加えてみたい。

ＴＡ制度のメリット

まずメリットについてだが、ここではＴＡ制度がどのような恩恵をもたらすのかを、⑴大学院生、⑵学部学生、⑶教授、⑷大学の四者の視点から簡単にまとめておきたい。

ＴＡ制度が大学院生にもたらす最大のメリットは、やはり財政的な援助であろう。ＴＡの歴史的起源が示していたように、ＴＡはそもそも大学院生に対する金銭的な援助としての意味合いが強かった。大学内に大学院生のための仕事をつくり出し、その仕事への報酬として研究生活の継続を可能にする給付を与えたところに、ＴＡ制度の出発点があったのである。

統計資料が示したように、奨学金を得ている大学院生の割合に比べて、ＴＡの報酬に頼っている院生の割合はかなり多い。すでに見たように、奨学金を得ている学生の三～四倍の大学院生が、ＴＡによる給付を受けているのである。その意味で、ＴＡ制度は、大学内に院生の雇用機会をつくり出すことによって、そうした機会がなければ大学院での教育を受けられない学生層に資金的に援助している。授業料の免除などの特典がそれに付加される場合があることも、そうした財政援助としてのＴＡ制度の側面を示している。その結果として、ＴＡ制度は大学院教育の機会の拡張に寄与しているということができるだろう。

第二に、ＴＡ制度は大学院生たちに将来の職業準備教育の機会を提供している。すでに述べたように、ＴＡの経験それ自体が、大学における実践的な教育経験の場となっている。実際に学部の学生たちの指導にあたる中で、大学院生たちは大学教師としての実地訓練を受ける。さらに、前節で見たように、ＴＡの教育経験をより豊かにするためのさまざまな訓練プログラムがアメリカでは提供されている。こうした実地の教育経験と、より理論的な教授法についての教育訓練を通じて、大学院生たちは大学で教えることのノウハウを学ぶ。そればかりか、大学という場での教育の意義ということについても、TAの経験は豊富な発見を大学院生たちに与えているものと考えられる。訓練プログラムと一体となったTA経験は、大学教師という将来の職業準備教育の重要な部分となっているのである。

次に学部の学生にとってのメリットは何かを考えてみよう。TA制度は指導を受ける学部の学生にも多くの恩恵をもたらしている。討論クラスは、大教室での一方通行的な講義を補足する意味をもっていた。小人数のディスカッションを重視した討論クラスを通じて、学生たちはより対面的な学習環境を享受できる。マスプロ教育の弊害を補完するこのようなクラスを設けられるのも、教授の仕事を補足するTAたちを教育資源として投入できるからにほかならない。

TAたちのオフィスアワーもまた、きめ細かい個人指導を学生に提供しているという意味で、学生たちにとってのメリットとなっている。講義の不明な点は、教授を訪ねなくても身近な存在に感じられるTAたちに気軽に質問することができる。レポートの書き方についても、参考文献に関する情報も、TAのオフィスアワーを利用することによって教えてもらうことができる。一人の教授が提供できる個人指導以上に、多くの学生たちに利用可能な指導の機会をＴＡ制度は創り出しているといえるのである。

新入生セミナーのような指導の形態が可能なのも、ＴＡという教育資源の活用があればこそのことだろう。学部に入ったばかりの学生たちにとっては、多様なテーマの中から自分の関心にあったものを選び、それを通じて大学での基本的な学習スキルを習得できるのである。こうしたオリエンテーション的な教育を十分に展開できるという意味でも、ＴＡ制度が学生に与える恩恵は大きなものだといえる。

次に大学教授たちにとってのメリットであるが、これについては明白である。自分ひとりではとうてい提供できない教育サービスを提供できるのは、ＴＡの協力のおかげである。とりわけ、試験やレポートの採点、評価に費やされる時間とエネルギーの多くは、ＴＡたちの協力によってかなり節減できる。学生たちの質問に答える時間も、ＴＡのオフィスアワーが大いに短縮していることだろう。そうして空いた時間を教授たちは自分の研究や教育の充実にあてることができるのである。

教育機関としての大学にとっての恩恵は、すでに述べてきたことと重なっている。要するに、大学院生という「手持ち」の資源を学部教育に活用することによって、フルタイムのスタッフだけでは提供できない教育サービスをつくり出すことができるという点である。コストの点でも、同じ量のサービスを専任の教員でまかなおうとする場合に比べてはるかに安価なはずである。しかも、財政援助的側面から見れば、TA制度は大学院の教育機会の拡張にも寄与している。また、TA小史のところでも見たように、TAの活用は優秀な教授たちに研究に専念する時間をより多く与えている。その結果、外部からの研究助成金をより多く獲得し、そのオーバーヘッドを大学の財源にあてることで、TA制度は大学の財政にも間接的に貢献している。

TA制度のデメリット

このように見ると、TA制度はいいことずくめのように見える。しかし、欠点があることにも注目しておかなければならない。

第一の欠点、あるいはデメリットは、すでに見たようにTAの仕事は大学院生にとってかなりの負担になるということである。統計資料が示したように、TAは一週間に平均して二二時間程度の仕事をしている。一日あたりに直せば四時間ほどになる時間を、自分自身の研究活動にも忙しい大学院生が引き受けなければならない。そうした負担にも一因があるのだろうが、ある調査が示していたように、ＴＡをつとめていた大学院生が学位取得までにかかる期間は、それ以外の院生に比べて長期化する傾向がある。また、Ｎ大の社会学科のケースのように、大学院入学二年目の学生たちにＴＡ職を与えるようなシステムの場合には、まだコースワークの終わっていない学生たちにとって、自分の単位を履修するための勉強とＴＡの仕事とを両立させることは、決して楽なことではない。

第二の問題点として、これもすでに触れたことだが、ＴＡの能力や資質といった問題がある。研究助手になる大学院生や奨学金を得ている大学院生に比べ、ＴＡになる学生の資質や能力がやや劣るということである。一流の大学院生は、教育から解放された研究中心の生活を送り、それにつぐ人々がＴＡとして学部学生の指導にあたるということになるのである。

さらに、個人的な能力や資質の問題は別としても、年齢や経験という点での問題も残る。Ｎ大のように、博士課程に入学した学生とはいうものの、大学院入学二年目の、実質的には大学院教育を一年間しか受けていない院生にレポートの出題や採点、評価までをまかせてしまうことにまったく問題がないとはいえないだろう。安易なＴＡの選出が学部生に対する教育の質の低下につながるおそれは、いくらＴＡの訓練プログラムを準備しているとはいえ、否定できない危惧のひとつといえるだろう。

第三の問題点として、ＴＡと教授との教育責任の分担をあげることができる。どこまでがＴＡの責任で、どこからが教授の責任か、ＴＡにある程度の自主的な判断を委ねる以上、こうしたことも問題となる。

私の知っている例に、学生がＴＡのレポート評価に異議を唱えたが、ＴＡはそれを却下した。その際、もちろん学生が納得するようＴＡとしては懸命に自分の下した評価の正当性を主張した。そこで、その学生は担当教授のところに行き同じことを訴えた。その結果、教授は簡単に学生のいい分を聞き入れ、成績の変更を決めてしまった、という出来事がある。この場合、もちろん、成績評価の最終的な責任は担当の教授にある。しかし、ＴＡに与えられた責任の範囲内で行ったことが、あまりにも容易に教授の判断でくつがえされてしまったために、教授とＴＡとの関係が気まずくなってしまったのである。

別の例としては、ある教授があまりに多くの仕事をＴＡにまかせたために、ＴＡが労働過剰になったという話もある。これらの例は皆、ＴＡと教授との責任分担をめぐって起こりうる問題であり、両者の協力関係をどのように築いていくかがＴＡの仕事の成否に関わっていることを示している。

日本の大学とＴＡ

これまで、アメリカにおけるＴＡ制度の現状と歴史、そしてこの制度がアメリカの高等教育にもたらしているメリットとデメリットについて見てきた。

ところで、アメリカの「高等教育の歴史の中で最も創造的な発明のひとつである」[33]といわれるこの制度は、日本の高等教育にも導入されるようになった。その発端となった臨教審の第二次答申（一九八六年）は、ＴＡを「研修的雇用の場」として位置づけその導入の意図を明確にした。それを受けるかたちで、大学審議会の答申においてもＴＡ制度の導入が明文化された。そして、一九九二年度から、文部省（現・文部科学省）は国立大学の博士課程を置く大学院の「高度化推進特別経費」の予算措置を行い、その一部として「ティーチング・アシスタント経費」を計上し始めた。実際に予算がつけられたところから、大学院の各研究科では急遽ティーチング・アシスタントの制度化が試行錯誤的に始まった。

しかし、このように取り急ぎ予算措置がとられたことに比べ、ＴＡ制度をどのようなものとして日本の高等教育に位置づけていくかという点に関しては、私の知る範囲では、厳密な研究も議論も行われたとは言い難い。たしかに、理工系ではすでに大学院生にＴＡ的な役割が与えられていたところもある。また、一部の大学では実際に学生の実験、実習に大学院生がＴＡとして指導にあたり、報酬を得ていたところもある。ところが、こうした理工系大学院の経験を調査し、ＴＡ制度の導入が日本の大学にどのようなインパクトを与えうるのかを実証的に検討した研究はまだごく少ないように見受けられる。

それでは、このように急遽日本の大学に導入されようとしているＴＡ制度には問題はないのか。一九九二年四月に文部省高等教育局長名で大学院博士課程を置く各国立大学長に出された「高度化推進特別経費について」と題する「通知」は、その経費の一部を占めるＴＡ経費について、次のように述べている。

当該博士課程研究科の優秀な大学院博士後期課程学生に対し、教育的配慮の下に当該大学の学部学生や修士課程の学生に対する実験、実習、演習等の教育補助業務を行わせ、これに対する手当て支給により、大学院学生の処遇の改善に資するとともに、大学教育の充実及び指導者としてのトレーニングの機会を提供することを目的とするため、いわゆるティーチング・アシスタントとして雇用するために必要な賃金を対象とする。

しかしながら、ＴＡを通じての手当て支給が「大学院学生の処遇の改善に資する」としても、その配分のしかたや奨学金との関係については明らかにされないまま、各研究科の判断に委ねられた。また、「大学教育の充実」が目的のひとつにあげられたものの、ＴＡの導入がどのように教育の改善につながるのかについては何も指摘がない。これについても各研究科の判断になる。さらに、ＴＡの経験が「指導者としてのトレーニングの機会」になることが期待されているのだが、これも具体的な方法については各研究科に委ねられている。

もちろん、予算措置とその制度の具体的実施とは異なるものである。むしろ各大学院研究科がそれぞれの事情に応じて独自のＴＡ制度をつくり上げていけばよいという意味では、文部省の「意向」が明示されていないからといってそれだけで批判するわけにはいかない。とはいうものの、各大学院の研究科は、どのような判断基準でＴＡ制度をつくり上げていくのか。それを議論し検討するうえで助けとなる基礎的な情報や資料といったものをまったく欠いたまま、ＴＡ制度は急遽日本の高等教育に導入されようとしている。「お金はついた、さあ、ＴＡ制度を導入してもいいですよ」という文部省に対して、「もらえるものはもらっておこう。しかしどうしたらいいのか」という戸惑いを隠せない大学院——私には、ＴＡ制度の導入状況がこのように見えてしかたがない。

たしかに、教える経験を少しでももつことは、将来の大学教授職にとってなんらかの職業準備的な意味合いをもつだろう。しかし、TAの経験が大学院生にとって直接大学でのティーチングの研修的意味をもつかどうかは、それがどのような制度的背景を併せもつかによって変わってくる。この章で詳しく見たように、アメリカの経験が私たちに教えてくれるものは、TAが訓練プログラムの開発やその普及、さらにはその効果をめぐっての学問的反省とセットになったときに、大学の下働き的な役割から将来の大学教師の養成という「創造的な」役割に発展することができたという事実である。研究の時間を割いてまで、大学院生に教育経験を与えようというのであれば、その経験が生きるための制度的な支え、組織的な訓練の場というものを合わせて導入する必要がある。

そのような制度なしにTAが導入された場合、TAの経験が研修的な意味をもちうるかどうかは、指導にあたる個々の教授の教師としての力量や裁量に依存してしまう。大学教授の雇用市場が開放的なアメリカとは異なり、講座の主任教授との関係が大学院生の就職機会を左右しやすい日本の大学院では、TA制度のナイーブな導入は、運用次第ではTAを「大学における皿洗い」におとしめる危険性をもっている。とりわけ、「大学院重点化」構想がいくつかの大学で実現し、高等教育財政の逼迫《ひっぱく》を理由に、大学（院）への予算の重点配分を研究業績を基準に傾斜配分しようとする傾向が定着しつつある中では、日本の高等教育界にも、こうした財政的理由から研究重視の価値がこれまで以上に高まる可能性がある。アメリカの大学が六〇年代に強めていったような研究と教育の緊張関係が、日本の大学にも強まりつつあるのかもしれない。そのような中で、日本の大学は、ＴＡ制度を導入しようとした。六〇年代までのアメリカの経験と同じ轍《てつ》を踏まないためには、より慎重な判断と、「教育」への配慮が必要である。さもなければ、ＴＡ制度は、日本の大学に新たな身分制度を導き入れるだけに終わってしまう。

ＴＡの導入が日本の学部教育の改善に資するかどうかについても、アメリカの経験が教えるものは少なくない。アメリカの大学において、教育よりも研究を重視することがＴＡ制度の拡大に与《さずか》ったことはすでに見たとおりである。外部からの研究助成を得るために優秀な教授たちに研究の時間をより多く与えるために、教授の代わりとしてＴＡが学部教育の教壇に立つことになった。そうした安易な「代替」が「大学教育の充実」ではなく、質の低下に陥ってしまったことも、アメリカのＴＡの歴史が私たちに示してくれる貴重な教訓である。それでも、アメリカの大学は、研究重視の価値の中で、もう一度教育の価値を高めていこうとするゆりもどしを図った。教育の質をなんとか目に見えるかたちでとらえようとし、「評価」ということにつねに注意を払ってきたアメリカの大学だからこそ、このような教育へのゆりもどしも可能だったのではないだろうか。また、それを許すだけの柔軟性が大学組織に備わっていることも、アメリカの高等教育の特徴といってよい。

このようなアメリカの高等教育と比べた場合、これまで教育の質ということについてそれほど敏感ではなかった日本の大学では、ＴＡの導入によってどのように教育の充実が図られるのか。あるいは質の低下に陥らないしくみをどのように組み入れていこうとするのか。このような問題についても、十分に議論されているとはいえないのが現状である。

ほとんどの日本の大学では、すでに教師になっている人々ですら、大学でのティーチングについての体系的な訓練を受けずに、研究者としてのトレーニングと自分自身の教室での試行錯誤だけをもとに教育を担ってきた。そして、学生たちはといえば、大学の授業にはほとんど期待するものもなく、しかも厳しい成績評価にさらされることもなく大学を卒業していく。このような日本の大学にＴＡ制度が導入された時に、大学での教育はどのように変わるのか。それが質の低下につながらない保証はどこにもない。

最後に、大学院生の処遇の改善という点についても、性急なＴＡ制度の導入がもたらすであろう「混乱」は容易に予想がつく。先に引用した文部省の「通知」によれば、「優秀な」大学院生にＴＡの経験を与えることが意図されている。しかし、実際にＴＡの手当ては学生の「優秀」さをもとに、メリット原理で配分されるのか。そのような場合、優秀さの中身は何か。それをだれが決めるのか。支給を受けない他の院生との「差別」の問題は生じないのか。ＴＡの選抜をめぐるこうした問題についても、これまでほとんど議論されていない。

さらに、実際の労働負担と、それに対する対価とのバランスは適切なものか。すでに存在しているフルタイムの助手職との関係をどのようにつけるのか。ＴＡは個々の教授につくのか、それとも授業につくのか、などなど、こうした基本的な問題さえ、いまだ十分に議論されないまま、ＴＡ制度は導入された。

たしかに、もう少し楽観的に見れば、ＴＡ制度の導入は新しい教育資源を生み出すことで、日本の大学教育を変えていくきっかけになるのかもしれない。たとえば、大教室での知識の一方的な伝達に終わりがちな講義形式の授業を、ＴＡが担当する討論クラスと組み合わせることで、学生からのフィードバックを促す教育の形態をつくり出すことも可能である。教授が担当する演習でも、いくつかの「サブゼミ」をＴＡが担当することによって、よりきめの細かい討論や学習ができるかもしれない。あるいは、Ｎ大の「新入生セミナー」のところで紹介したような、大学で必要とされる学習スキルを教える場に、ＴＡという新たな教育資源を活用することも可能だろう。このような工夫は、理科系のみならず文科系においても、Ｔ

A制度が大学教育の活性化につながる可能性を示している。

しかし、TA制度の導入によって日本の大学が活力を取り戻そうとするなら、まずは、TA制度が、大学院生の財政援助としての意味を第一とするのか、それとも、大学院生に教育の機会を与えることを主眼にするのか、あるいは、新たな資源の導入による学部教育の改善を中心的目的とするのか、はたまた、専任教師の教育負担からの解放をめざすのか、これらのいずれにより大きな力点を置くのかについて、十分な議論をつくす必要があるだろう。

TA制度の導入は日本の高等教育に何をもたらすのか。どのような日本的モデルをつくり出せば、TA制度は日本の大学教育に資する制度として活きてくるのか。これらの問いに答えを出すうえで、この章で紹介したアメリカの経験が教えてくれるものは決して少なくない。アメリカにおけるTA制度の展開とその背後にあったアメリカの高等教育の特質、そして両者のダイナミズム。これらの相互関連を見落としてしまうと、この制度がもたらしうるメリットを日本の大学が上手に引き出すことは難しくなる。ひとつの制度の誕生と発展は、それを包み込む、より大きな制度の発展構造と密接な関係をもっている。このあたりまえの「発見」から発想すれば、日本にTAという新たな制度を生み出そうという試みが、高等教育の日本的な構造の分析によって基礎づけられなければならないことはたしかである。

新書版付記

日本におけるＴＡ

ＴＡ制度の導入以後、日本でもＴＡのためのさまざまな研修の機会が研究大学を中心に提供されるようになっている。大学教員の研修であるＦＤ（ファカルティ・デベロップメント）の延長線上として、大学院生やオーバードクターの学生たちに研修の機会を開いたり、あるいは大学院の授業の一環として大学におけるティーチングについてのコースを提供するところも出てきている。さらには、そうした研修機会を提供している大学内のセンターの研究者を中心に、アメリカにおける近年の同種のプログラムについての紹介も行われている。

しかし、他方で大学院生であるＴＡが実際に大学の授業にどれだけ関わっているかを見ると、出席をとったり、レポートのコメントを書いたりといった範囲にとどまるケースもまだ多いようである。この章が書かれた八〇年代半ばのアメリカと比べても、ＴＡを日本の大学にどのように位置づけるかをめぐっては、いまだ明確にはなっていないようだ。また現役の大学院生に替わって、オーバードクターが増えたことや、大学の経費削減といった事情から、大学の授業を非常勤講師に依存する度合いが増えていることも、TAの位置づけを中途半端なものにしている。日本の文系大学院でも博士号学位の取得があたりまえになる中、研究と教育というふたつの大学教員の仕事をどのようにこなしていくか、その能力形成については手探り状態が続いている。

第2章　新米教師のアメリカ学級日誌
――もうひとつの日米教育比較考――

1　旅立ち

ノースウェスタン大学夏学期（サマーセッション）のコース案内のカラー刷りのきれいなリーフレットを開くと、その三〇頁に次のような授業紹介がある。

［専門家を直輸入］
二〇五D五一―一　教育と職業の世界――アメリカと日本
六週間　六月二〇日―七月二七日　火・金　四―六時
タケヒコ　カリヤ

アメリカと日本の教育システムを追究する。教育と職業の世界との関係を国際比較の視点から検討する。とくにこれらふたつの領域間の移行と結びつきについての検討を行う。

「タケヒコ　カリヤ」、名前のところにわざわざ手書きスタイルで“An Expert Import”（専門家を直輸入）と書き込みがある。韻をふんだこのコピーは、昨今の日米貿易摩擦（日本からの輸入超過）に引っ掛けたシャレだ。たぶん、無名の外国人の授業を少しでも多くの学生が登録するようにと、学生の関心を引くためにサマーセッション・オフィスが考え出した苦心のコピーなのだろう。

一九八九年の夏、私はシカゴ市郊外にあるN大の教育学大学院に招かれ、「教育と職業の世界——アメリカと日本」というタイトルの授業を担当した。この章では、日本でもまだ大学の教壇に立ったことのなかった〝新米教師〟の教育実践の初体験を「学級日誌」風に紹介しながら、日本とアメリカの教育について比較考を展開してみたい。授業の準備や授業中のエピソードの紹介にとどまらず、日本とアメリカの教育の比較を主題としたセミナーで、日本人教師とアメリカ人学生とのやりとりからどんな比較考が展開できるか、そんなことを綴ってみたい。

出発

一〇余時間に及ぶ太平洋航路、成田発シカゴ直行便のエコノミークラスの狭苦しい座席の中で、アメリカ教育省編の『Japan's Education Today——日本教育の現状』を広げた。すでに何度か読んだことのあるこの文献にあらためて目を通すのも、この本を第一回目の授業の課題文献に指定してあるからだ。一昨日届いたファックスによれば、授業登録者は現在までのところ、六名。多すぎもせず、少なすぎもしない。大学院レベルの授業にはほどよい数だ。とくに、はじめて教壇に立つ新米教師には、〝なんとかなりそうな〟数のように思えた。

「どんな授業になるだろう?」そんなことを考えながら、『日本教育の現状』を読むともなく、ただただ目を滑らせページを繰る。「はじめのあいさつはどんなふうにやろう?」「どんなふうに話したら、私のような東洋からきた若造が教師らしく見えるだろう? 教師としての信頼を得るにはどうしたらいいのか?」。寝ている隣の人に気づかれないように、英語のフレーズをいくつか諳《そら》んじては、まだ見ぬ学生たちの顔を想像して、頭の中で第一回目の授業のリハーサル。思いをめぐらすうちに、小一時間くらいがすぐに経過した。

「ふー」と、ため息がもれる。緊張していないはずはない。「でもまだあと一週間あるじゃないか。心配するより十分睡眠をとっておくほうが時差ボケ解消にはいいんだ」と自分に言い聞かせるように、目をつぶる。だが、なかなか眠れない。授業のことが頭から離れないのだ。英語だって心配ないことはない。四年近い留学経験で学生としてはなんとか授業についていける英語力を身につけたと思っていた。だが、教わるのと教えるのとでは要求される英語の力も違うはずだ。言葉に詰まったりしたら、学生に馬鹿にされやしないか。それでなくても眠れない狭苦しいエコノミー席の中で、一週間後に展開する授業のことを想像すればするほど頭が冴えてくる。「ビールでも飲んでリラックスするしかないな」。

「夏学期に教えてみないか」という誘いの手紙がN大の教育学大学院から舞い込んだのは、一九八八年の秋だった。夏学期といっても、大学院レベルのコースは単位を認定する正規の授業である。それより一年ほど前に同じ大学の社会学の大学院で博士号を取得したばかりの私は、「日本とアメリカの教育と職業について、博士論文で書いたようなことで授業をしてくれればいい」という教育学大学院の副学部長、スミスさんの「寛大な」誘いに、もち前の好奇心も手伝って簡単にOKの返事を出してしまった。かつての指導教授でその後も一緒に研究を続けている社会学者、ローゼンバウム教授とのいくつかの共著論文を滞米中に仕上げるという目的も、この申し出を簡単に引き受けてしまったもうひとつの理由である。

けれども、こうして機中の人となり、一週間後に授業を控えた身から振り返ると、この決断がいかに軽率だったか悔やまれてならない。しかし、今となっては、後戻りできない。密閉された機内の空気のように、逃げ所のない状況に追い込まれている。

実は、このように依頼を引き受けた後にも、私の決断をもう一歩追い込むひとつのハプニングが起きていた。予定では夏学期は七月いっぱいで終わる。成績評価の時間を見込んでも、八月初旬には帰国できる。ところが、妻の出産予定日が八月六日というのである。うれしい知らせだったので、このことはローゼンバウム教授にもさっそく知らせた。「この夏お目にかかれるでしょうが、日本に帰国後にはどうやら父親になりそうです」と。たしかに妻も大変だろうが、すでに決まった予定だったので夏にはノースウェスタンに行くつもりでいた。それに初産は予定日より遅れるのがふつうだと聞いた。出産日に間に合えばいい。妻も今回のアメリカ行きにとりたてて反対はしなかった。むしろ、せっかくのチャンスだからと、私に理解を示してくれた。日本人ならおそらく共有できる、こうした「あたりまえ」の感覚で、この仕事を引き受けたのだ。

ところが、ローゼンバウム教授からの返事には、「妊娠中のナツコ（妻の名前）を残してまで、この夏本当にアメリカに来るのか？　それほど大きな犠牲を払っても、来る価値があるのか」というのである。ちなみに私たちは妻の両親と同居していた。だから、妻ひとり置いていくわけではない。そのことは、教授も知っているはずだ。

「ビッグ・サクリファイス（大きな犠牲）」という教授の言葉が示しているように、私のとろうとしている行動は、アメリカ人である彼には理解に苦しむものと映ったらしい。ユダヤ系アメリカ人の仕事熱心なこの研究者にしても、家族（私事）と仕事との間で、天秤は前者に容易に傾くほど、家族重視の価値判断がアメリカでは常識なのだろうか。彼との仕事を仕上げようと、身重の妻を置いて太平洋を渡ろうとする私の「日本的仕事熱心さ」が、肩すかしをくらったような思いだった。

すぐさま、私は、日本では妻が実家に帰って出産する習慣があることなど、いろいろ言い訳を書いて、夏にノースウェスタンを訪れる気持ちに変わりはないことを彼に伝えた。機中で、残してきた妻のことを思い出しながら、「ビッグ・サクリファイス」に見合うだけのことはやりとげたい、とあらためて思った。

バドワイザーとアサヒの力を借りてようやく肩の力が抜けまどろみ始めたころ、ジャンボ機はすでに太平洋を渡りアメリカ本土上空にあった。

授業開始以前

N大のあるエバンストン市に入ると、瞬く間に一週間が過ぎていった。この間、旧知の友人たちとの再会、これから始まる六週間の久々の「独身生活」の準備をしているうちに、一週間があっという間に過ぎた。

もちろん、授業の準備を何もしなかったわけではない。はじめにやったのは、教材の用意である。雑感を交え、どんな準備をしたのか具体的に紹介しよう。

(1)　本の注文と図書館でのリザーブ

授業で使う文献のうち、ペーパーバックで比較的安く手に入る本は、大学の書籍部にあらかじめ注文しておいた。ローレンの『日本の高校』、プラースの『日本における労働とライフコース』、鎌田慧の『自動車絶望工場』の英訳といったところである。授業が始まる三カ月ほど前に、どんな本を注文しておいたらよいか、担当講師に問い合わせが来る。その注文票を出しておけば、後は大学のほうで用意してくれるというしくみだ。日本の大学でも行われている教材の注文である。ただし、日本とアメリカとで決定的に異なるのは、ペーパーバック市場の役割である。

「洋書」をたくさん注文する日本の大学の先生方なら、すでにご承知のことと思うが、アメリカでは学術書でもペーパーバックで出版されるものが少なくない。とくに文科系ではそうだ。一般読者を対象に安い本を出しているというより、学生が教材として買うことを前提に市場が成立しているのである。その証拠に、街の本屋には学術書のペーパーバックはそれほど置いていないが、大学街の本屋や大学の書籍部にはそれが山積みされている。毎年何冊も出るハードカバーの学術書のうち、定評を得たものは、少なからずペーパーバックとしても出版される。中には、はじめからハードカバーとペーパーバックの両方で出る学術書もある。大学や大学院の授業で、学生にたくさんの文献を読ませることが、アメリカの、とくに文科系の教育の特徴のひとつである。教育に使えそうな評判のよい学術書は、優れた教材としてペーパーバックで流通する。いわゆる教科書ではない、専門書を学生に買わせて教材に使う授業のやり方が定着しているのである。[1]

ここには日本とは異なる研究と教育との結び付きがあるように思われる。日本では専門書は、一般に高価で、しかも図書としても特別の扱いを受けているように見える。ハードカバーが圧倒的に多い。カバーが堅いだけではなく、中には箱入りの専門書も少なくない。発行数もせいぜい二〇〇〇部くらいと聞く。[2] つまり、このような発行部数と値段からすると、たいていの学術書は学生が学習のために買うことを前提に出版されているようには見えないのである。そのかわり、立派な箱に収まった高価な専門書は、それだけで学問的な価値があるかのように書店に鎮座している。[3]

一方、日本の大学や大学院の授業はといえば、文科系の場合、ゼミ形式でも一年間に読む本は、数えるほどである。「精読」がゼミの基調とされる。そこでは、行間を「舐めるように」読むのが、「正しい」学術書の読み方になる。それも圧倒的に「洋書」に傾きがちだ。講義の場合には、必読文献を課す授業はかなり稀で、たいていは教師の話を学生がその場で聞けば、情報の伝達＝教育はおしまい、というタイプが多数を占めている。図書の指定がある場合も、たいていは教科書の類である。

第1章でも書いたように、日本の大学教育では知識の伝達と受容に力点が置かれ、受け取った知識を学生がどのように独自に組み立てるか、というところまではなかなか射程に入ってこないようだ。このような教育のしかたでは、専門書は学習者にとってそれほど重要な意味をもってこない。専門書は教師である大学教授が読んで、その解説（紹介？）を学生に伝えればよいのだから。知識の伝達、すなわち日本的な大学教育は、当の教授自身が口頭で行えば十分なのだ。したがって、学術書は、研究者としての大学教授の業績の発露、そして学者サークル内部で学問的価値を運ぶメディアではありえても、教えるための材料（ティーチング・マテリアル）として、教育的な価値を伝えるメディアにはなりにくいのである。

これに対し、アメリカではもっとたくさんの専門書を学生に読ませる。講義形式の授業でさえも、基本文献を読んだうえで聴講することが習慣化している。ゼミ形式の授業なら、一冊の本をたんねんに読むというより、たくさんの専門書を短期間で読み、そこから得た情報をもとに議論することがめざされる。情報の受け取りにとどまらず、たくさんの情報から必要なものを取捨選択し、それを組み合わせて自分の議論を展開することが重視されているからである。高等教育での教育と学習の考え方の違いが、学術書の役割の違いを生み、それが日米両国の間の学術出版の事情にも反映していると考えられるのである。アメリカでは、優れた研究はそのまま優れた教材として活かされる、そういった好循環が存在するように見える。

もうひとつ、このペーパーバック市場のことで触れておくべきは、そのリサイクル、つまり古本市場である。「アメリカの大学（院）教育では、大量の文献を読ませる。それを制度的に支えているのは豊富な文献をそろえた図書館である」。これはよく耳にする話だ。しかし、目立たない存在ではあるが、図書館と並んで、あるいはそれ以上にこうした教育を支えているのが、ペーパーバックの古本市場である。

研究者もそうだが、アメリカの大学（院）生は、日本人のように本をたくさんため込むようなことはないようだ。整備された図書館をいつでも使えるということにもよるのだろうが、授業で買わされた本でも、授業が終われば平気で売ってしまう。大学の書籍部でも、試験期間が終わると、教科書や授業で使った専門書の買い戻しをする。古本屋でなくとも大学街の本屋なら、使い古しのペーパーバックの学術書が大量に置いてある。ペーパーバックがハードカバーよりも廉価なのは当然だが、さらにその値段を引き下げる制度がアメリカの高等教育には発達しているのである。

値段だけの問題ではない。ペーパーバックの古本市場は、絶版となった本の再利用にも寄与している。実は私の授業も、この古本市場のおかげで救われた。シカゴに着いてみると、ローゼンバウム教授がローレンの『日本の高校』は絶版になっているはずだ、というのだ。私の授業のことを心配しての情報提供であった。どうしたものかと書籍部に電話すると、いや、心配はいらない。たしかに新本は手に入らないが、古本がたくさんある。すでに手は打ってある、という。最近、どの大学でも、日本社会についての授業で教育を扱う場合には、この本を使うらしい。学生たちの売り戻しのおかげで、絶版になった本が比較的簡単に次の役目を果たせるようリサイクルされているのだ。[4] たしかに書き込みやアンダーラインが引いてあるものも多いが、ペーパーバックの古本がハードカバーの新本よりはるかに安いのは、いうまでもない。留学生時代の私も一週間に何冊もの文献を読まされヒーヒーしたものだが、思えばその時の本も大部分はこのような古本だった。

こうして、本の注文は無事すんだ。これらの本と、すでにペーパーバックとしても手に入りにくくなっている本や論文、ハードカバーしか出ていない文献は、図書館の〝リザーブルーム〟で、学期中〝リザーブ〟しておく。こうしておくと、その文献については館外貸し出し禁止になり、館内でも時間を限った貸し出しになる。そうすることで授業で使う文献を学生がいつでも参照できる体勢を整えておくのだ。

(2) 教材のコピー

専門書のコピーは著作権の関係で法的に規制されている。しかし、実際には日本と同様に教育目的なら、本の一部をコピーして使うことが許されている。エバンストンには大きなコピーショップがいくつかある。いずれの店も、授業に使うからと必要な文献のオリジナルを渡しておけば、二〜三日で学生用のコピーを用意し、しかも担当科目名、担当講師名などをプリントした表紙を使って簡易製本までしてくれる。一回目の授業で、学生にどちらかのショップの名前を伝えておけば、後は学生が自分で店に行って製本された文献集を買う。それだけで、入手しにくい論文やそのほかの文献についても、簡単に教材化できるのだ。専門雑誌の論文や調査報告書などを教材として使おうと思っていた私には、ありがたいサービスである。日本からもってきた私自身の英文の論文やリーディングスからとったいくつかの論文をコピーショップにあずけ、授業名や講師名、学生数といった情報を伝えた。

(3)　学生についての予備知識の入手

サマー・セッションのオフィスにあいさつに行くと、私の授業を登録している学生の「クラスリスト」を手渡された。このクラスリストには、学生の氏名、住所、職業、学歴、この夏学期に他のどんな授業に登録しているか、といった情報が記されている。担当教師がこれから教える学生について最低限知っておきたい情報をあらかじめ教えてくれるのだ。

さてさて、どんな学生が授業に登録しているのだろうか。オフィスで手渡されたクラスリストを見ると、前もって教えてもらっていた人数と同じ六人が登録している。六人中五人は教育関係者（私立小学校の校長一名、公立小学校の教師一名、高校の教師三名）、残りの一人はフルタイムの学生だ。予想してはいたことだが、新米教師がアメリカでプロの教師たちに対し、生まれてはじめて高等教育レベルでの授業を担当することになるのである。

私のクラスに教師が多いことには少し説明が必要だろう。アメリカでは、現職教師が長い夏休みを利用して大学院で学ぶことが少なくない。たいていは何年間かかけて単位をとり、教育学の修士号をめざす。それが資格のアップグレードにつながるからなのだが、修士号取得にまで至らなくても、一定の単位数をとれば昇給できるしくみも備わっている。教育委員会も、教師の組合も学校もそれを奨励している。アメリカ社会全体がこうした現職教師の大学院での再教育（オフ・ザ・ジョブ・トレーニングである）を援助している。所属する学区が奨学金を出したり、授業料を肩代わりしたりすることもある。

大学もそれを支援する。N大は私立だが、現職の教師が夏のコースをとる場合、授業料を割引しているのである。教育関係者なら正規の授業料のおよそ半分ですむのだ。私の授業のように六週間のコースの場合、一般学生なら一回二時間、週二回の授業で、一万二三ドル（この当時の一ドル＝約一四〇円で計算すると約一四万三〇〇〇円！　一回の授業におよそ一万二〇〇〇円ということになる）、教育関係者の場合には五一〇ドル（といっても、これでも約七万円。決して安くはない）を払う。このように校長からの簡単な推薦があれば、教師の授業料は半額になるのである。大学院が現職教師の再教育に経済的に援助しているというわけだ。私の授業に登録している五人の教育関係者も、こうした特典を利用しているのだろう。アメリカの学校の夏休みが長いことも、教師のオフ・ザ・ジョブ・トレーニングを容易にしている。

日本でも最近、初任者研修の問題を中心に、教員の研修が議論の的となっている。現職教員の再教育を目的とした新しいタイプの教育大学もつくられている。夜間大学院の開設など、「開かれた大学」をめざす試みも、徐々にではあるが始まっている。だが、ここで紹介したような夏休みを利用した高等教育機会の提供となると、ほとんど行われていないようだ。教員の現職研修を制度化するうえで、内地留学のような長期間の大学院での研修もいいが、それと並んでもっと柔軟な再教育の機会を提供しようと思うなら、夏の間、事実上、休閑状態にある大学の施設や教員の利用を考えてもよいのではないか。教員の研修以外にも、「大学を開く」ためには夏休みは都合がいい。他大学の教師や外国から教授を招くにも、夏休みは格好の時期である。いろいろ難しい問題もあるのだろうが、「サマーセッション」という視角から、大学の開放を考えてみる必要がある。「生涯学習」の議論の展開の中で今後のテーマとなるだろう。

2　授業はじまる

教壇に立つ

いよいよ一回目の授業の日が来た。この最初の授業では、日本の教育についてのビデオを学生たちに見せ、日本の学校を視覚的に理解してもらうことを予定した。オフィスで借りたモニター、ビデオデッキのラックを押して、緊張した面持ちで教室に向かう。教室は、アンダーソン・ホール一一一二号室。近代的なビルの一階にある四〇～五〇人は入る比較的大きな講義室だ。ビジネススクールの授業でもよく使われる教室である。「六人の学生相手のゼミ方式の授業にはちょっと大きすぎるかもしれないな」と、ちょっと不安になる。モニターとビデオデッキのラックを黒板の前に置き、スタンバイ。四時一五分前。学生との対面も間もなくだ。いったん研究室（同じ建物の五階に研究室をあてがわれた）にもどって、ノートやら本やらをもって降りてこようと教室を出かかると、一人の年配の女性が入ってきた。五〇代くらいの、なかなかかっぷくのいい人だ。そういえば、昨日オフィスでもらったクラスリストには、私立小学校の校長をしている女性が一人登録しているとあった。彼女かもしれない。どう見ても私より立派に見える。「ハーイ」——不安をよそに、簡単なあいさつを交わして教室を出た。

四時ちょうど。授業で使うビデオテープ、ノート、それにクラスリストを脇に抱え再び一一一二にもどる。六人の学生がそろって私の入ってくるのを待っていた。三〇代後半くらいに見える男性は、空腹なのかクッキーを囓りながらコーラを飲んでいる。二〇代前半の女の子は、実にリラックスした風情で、隣のイスに足を投げ出して座っている。緊張した面持ちで外国人教師（つまり私）をじっと見ている若い女性もいる。てんでんばらばらといった感じだ。留学生時代の私なら、とくに変わったところのない、屈託のないアメリカの大学の教室風景に見えただろう。けれども、はじめて教壇の「こちら」側に立ってみると、何かてごわい相手と対面しているような印象を受ける。

手短に自己紹介をし、続いてシラバスを配る。留学生の時にいろいろな先生たちからもらったシラバスの体裁を参考に、見よう見まねで自分なりのをつくった。N大の大学院時代に受けたTAセミナーでの「シラバスづくり」に関する議論も役に立った。配ったシラバスをもとに、授業のスケジュール、教材入手の方法、成績評価の方法と配点（中間レポートが四〇%、期末レポートが五〇%、残りの一〇%は授業への参加度とした)、オフィスアワー(教師が必ず研究室にいる時間で、この時間内なら学生はアポイントメントなしで訪問可能)といったことについて説明する。これも、学生時代に受けた授業のまねだ。

次は私が学生たちにたずねる番だ。なぜこの授業をとろうと思ったのか。日本の教育に関心をもった理由は何か。この授業の担当講師としての関心にとどまらず、比較社会学者としての興味もあって、学生たちにこの授業への関心と期待について作文してもらった。六人の学生たちのプロフィールの素描もかねて、アメリカ人の日本教育への関心のあり様について少し詳しく紹介しよう。

学生たち

バーバラ

授業が始まる前に出会った五〇代前半の女性。シカゴ市郊外にある私立小学校の校長をしている。教育学修士はすでに取得している。したがって、学位取得を目的にN大の授業をとっているのではない。校長としての仕事に日本の教育から学べるところを見つけようというのだろう。クラスリストによれば、彼女は私の授業しか登録していない。「作文」でも、日本の教育のよいところを見つけ、それをアメリカの教育の現場に応用できないかと考えて私の授業をとることにしたと書いている。日米の教育システムには共通性も多いはず。どうしたらアメリカの教育をもっとよくできるかに関心があるというのだ。

ベッキー

二〇代前半の小学校教師。六年生の社会科を教えている。学校はシカゴ市郊外にあるという。大学を出てまだ二年目の「新米教師」だ。お母さんが日系二世のアメリカ人、つまり、彼女自身は三世ということになる。日本の教育に興味をもったのも、お母さんの影響があったという。カレッジの卒業論文は、日米の教育比較をテーマにした。社会学が専攻だったというだけあって、日本とアメリカとで教育制度がどのようにそれぞれの社会に根づいているかに興味をもっている。

マーク

六人の学生のうち唯一の男性。授業開始間もなくのころ、クッキーを齧っていたのが彼だ。シカゴ郊外の公立高校の教師をしている。教えているのは、テレビプロダクション。つまり、高校生にテレビ番組の制作についての授業を担当している。この夏学期にN大で修士号をとることをめざしている。修士をとれば、もう一ランク上の地位に就いて、もっといいプログラムにつけるという。カレッジの学生時代、日本人の友人がいて、彼らから日本の教育について話を聞いた。ビデオ制作の面でも、日本の教育を取り上げた番組をいつかつくってみたいという。シカゴの日本人学校の近くの高校で教えていることもあり、日本の教育には前から関心をもっていたそうだ。

カレン

唯一の現役学生。まだ学部の学生である。隣のイスに足を投げ出すようにして少々お行儀の悪い格好で座っていたのが彼女だ。ふだんは東部のあるカレッジの学生だが、夏休みに両親のところに帰って来て、地元のN大の夏学期をとっている。アメリカの大学の夏学期は、彼女のように帰省中に長い夏休みを利用して、故郷の大学で単位を取得しようという学生にも利用されている。将来、国際関係を専攻しようという彼女にとって、日本がなぜこれほどパワフルなのか、そのなぞを知りたくてこの授業をとったという。何が日本の成功をもたらしたのか、日本の文化はアメリカのそれとまったく異なっているように見えるけれど、そこに興味がある。日本人の考え方をもっとよく理解できるようになりたいと思っている。

ステファニー

彼女も大学を出たての教職歴三年目の高校教師である。シカゴ市郊外の高校で社会科を教えているが、まだテニュアはもっていない。いわば、試用期間中の教師だ。夏休みには、母校であるN大で大学院の授業をとりながら、少女キャンプの指導員のアルバイトをしている。日本の学校は規律が守られている、生徒の学業達成度も高いと聞くが、どうしてか、興味があるという。

ナンシー

シカゴ市郊外の高校でスペイン語を教えている三〇代前半の教師。大学卒業後、南米で仕事をしたり、東南アジアに行ったり、豊富な海外経験の末に高校の教師になった。現在は教師の仕事を続けながら、博士号をとろうと大学院の勉強を続けている。比較教育の分野、とくにカリキュラム研究での国際比較に強い関心があるという。アジア社会への興味ももち続けているという。日本の教育への関心もその延長線上にある。

たった六人の学生たちだが、そのプロフィールからも、アメリカの大学における夏学期＝「サマーセッション」の性格が見えてくる。女性、有識者、成人、それにふだんは別の大学で学んでいる帰省中の学生。大学（院）教育の開放という点で、夏休みという時間の特性が活かされている。仕事をもつ成人学生に、夏の時間が有効な再教育の機会を提供していることはいうをまたない。この「時間」の特長は距離をも超える。カレンのように東部の大学に通っている学生も夏休みには別の大学で勉強できるのだから。そういえば、私も留学生のときカリフォルニアで英語研修を受けたが、あれもサマーセッションだった。あの時も、英語を学ぶ外国人学生と並んで、ほうぼうの地域からカリフォルニア大学デービス校に単位をとりに来るアメリカ人学生が寮にたくさん住んでいた。中には、不足した単位をデービスで補足して、なんとか卒業にこぎつけようとやっきになっているアメリカ人学生もいたことを思い出す。夏学期は、アメリカの大学が時間・空間を超えて学生の大移動を許す、「開かれた時」なのだ。かくいう私も、夏という時間を利用して、遠く太平洋を越えてシカゴまで教えに来ている。アメリカの高等教育についての研究は日本でもよく行われてきたが、大学の開放に向けて「サマーセッション」というアメリカ的な高等教育の展開の実態、効用を研究したものは寡聞《かぶん》にして知らない。日本の大学開放にとって、今後の重要な研究テーマとなるだろう。

もうひとつ、右に紹介した学生たちの簡単なコメントから、日本の教育が当地でどのような関心を集めているのかがよくわかる。すでにマスコミを通じて、日本の教育の優秀性がアメリカでは紹介されてきた。日本の教育をモデルに連邦レベル、州レベルの教育改革の参考にしようといった発言も珍しくない。はっきりと日本との比較を念頭に、アメリカ教育の危機に警鐘を鳴らした報告書もある。しかし、学生たちの関心に表れていたように、日本の教育への興味はすでにそうしたレベル以上の広がりを見せている。教育制度の改革といったマクロな視点に立つ日本教育への関心から、現場レベルでの関心にまで広がりを見せているのだ。私立小学校の校長をしているバーバラのコメントにあるように、日本の教育実践から学校レベルの運営に役立つヒントを探ろうとする管理職。ステファニーのように、日本の学校は規律もよく守られているようだし、生徒の学業達成度も高いと聞いて、それを教室で応用できないかといった関心をもつ教師。現場レベルで、日本の教育から何かを学ぼうという姿勢が表れているのである。

もちろん、彼ら彼女らの多くは、日本の教育のよい点だけを見ているわけではない。「受験地獄」という言葉が、マスコミでの日本教育の称賛のあとに必ず続くように、彼女らも、日本の教育がそのままアメリカの学校に役立てられるような示唆をもつとは単純には考えていない。これは、学生たちの作文をもとにした授業でのディスカッションでわかったことだが、むしろ、日本の教育の実態を、まずは正確に知りたいという真摯《しんし》な関心から、私の授業に来た学生が少なくないのだ。日本の教育についてはマスコミなどで取り上げられながらも、センセーショナルな報道に隠れた正確な実態の把握を可能とする機会が、まだまだアメリカには少ないのかもしれない。私のような新米教師、新米研究者にまでお声がかかったのも、そうした事情を反映してのことなのだろう。もっと、日本の教育について正確な議論ができるような情報を、世界に向かって提供するべきだ。彼女たちの真摯な関心に触れ、日本人研究者としての責任のようなものを強く感じた。

常識の転換――日本の学校風景

自己紹介、授業の説明、学生たちの関心についての討論、といったイントロダクションに引き続いて、一回目の授業では日本の学校生活について、まずは学生に視覚的に理解してもらおうと、日本の小学校、中学校での生活について紹介した英語の解説つきのビデオを見せることにした。

ビデオだけでは情報が一方的だろうと判断し、シカゴ郊外にある日本人学校に授業参観をさせていただけるようお願いした。私の授業がある日とは別に設定した参観に、六人の学生のうち四名が参加した。中学二年生の数学の授業、小学三年生の理科の実験の授業を見せていただいた。ここでは、これらビデオの視聴と授業参観を終えて、日本の学校生活について授業でディスカッションした結果をもとに、アメリカ人学生の日本の学校観についてレポートしよう。私たち日本人にはあたりまえに見える日本の学校風景が、必ずしもアメリカ人にとってはあたりまえでないことが、彼らとのディスカッションから見えてくる。

ひとつは、上履きに履き替えるシーンについての学生たちの反応だ。日本の学校では、毎朝学校に着くと、生徒たちは靴を履き替えるが、アメリカの学校では当然ながら、靴を履き替えて学校に入るようなことはしない。「日本の家庭でも、家に上がるとき靴をぬぐと聞いているが、それと同じなのではないかしら」とナンシー。「ウチとソトとの区別のしかたがアメリカの文化と違うことの表れではないか。学校というのは日本の文化の中では、『聖域』なのかもしれない」とマークがいう。たしかに、家、学校、寺院や神社と、日本人が靴を履き替えて上がる場所には、何らかの共通性があるのかもしれない。

もうひとつ、ふだん日本人が気づかない、ささいな学校生活の一面に、あの授業開始と終わりに鳴るチャイムがある。「日本人学校の参観の時に聞いた、キンコーン、カーアーンコォーンというチャイムは、シカゴの日本人学校だけの特徴なの？」とカレンが質問した。「そうか、あのチャイムは『日本的』なんだ」――意外さをおぼえながらも、「いいや、日本の学校は、たいていあのメロディを使っているよ」と答えた。ベッキーが、アメリカの学校はもっとやかましいブザーを使っている、日本の学校のほうが、優しい感じがする、と感想をもらした。「日本の学校のほうが人間的なのかもしれないな」とマーク。買いかぶりのところが大きい気もするが、ひとたび日本の教育が優れていると宣伝されると、チャイムの音色までが日本の学校の優秀さの証明ととられてしまうのだろうか。

ともかく、学校の時間の区切りを示す「音」の違いといったところにも、文化の違いが表れているといえるのだろう。機械的に時間を区切るアメリカ。ブザーが鳴るやいなや、生徒たちは当然のごとく授業の終了を教師に要求する。終業を告げるその音は、容赦なく授業の幕引きをアメリカの教師たちに強いているのだ。そういう経験が、ゆったりと終業に向かう（いいかえればだらだらと続く）日本の学校の授業時間の区切りを、アメリカ以上に好ましいものであるとアメリカ人の教師たちに印象づけたのかもしれない。

中学二年生の数学の授業で、先生が生徒を順番にあてて、問題を黒板に書かせるシーンがあった。それも学生たちには珍しい光景だったようだ。参観した小学三年生の理科授業は、葉緑素の光合成のところで、デンプンを取り出す実験をしていた。三年生であれだけの実験をやらせるのは、アメリカの学校に比べ数年進んでいるとベッキーがいう。いずれも、日本の学校が生徒の参加を大切にしていることの表れだという感想には、正直いって私も驚いた。アメリカの教育を理想視し続けてきた日本人の目から見れば、生徒を授業に積極的に参加させるのは、むしろアメリカの学校のはずなのだ。それが、現在のアメリカの学校では、とくにシカゴのような大都市地域では困難になっているというのだ。

そのほかに、ビデオの中で学生たちの目にとまった日本の学校風景には、次のようなものがあった。みんなで食べる給食の風景。生徒のだれもがつけている名札。学校行事での校歌斉唱。朝礼での校長のあいさつ。運動会。清掃。どれも私たち日本人には、あたりまえにすぎる学校の光景だが、アメリカの教師たちにはもの珍しく映るようだ。こうした表面に表れた学校風景の違いの背後にあるものを、これからの授業の中でわかってもらおう。重い責任を感じて、イントロ的な最初の授業が終わった。英語が完全にもどっていない。終業のチャイムこそ鳴らなかったが、授業が終わってどっと疲れが出た。疲れをいたわるように、モニターとビデオデッキのラックを押しながら研究室にもどった。

3 「日本の教育」の読まれ方

教室変更

緊張のうちにも一回目の授業がなんとか終わった。英語が十分もどらない。正直なところ最初の授業は、どうにかこうにか切り抜けたという感じだ。出発前に思い描いていた授業の進み方のイメージとはちょっと違う。

一回目の授業では互いにまだなれないせいか、それとも、学生が私の不完全な英語にとまどい(不安?)を感じているせいか、学生とのやりとりも、どこかぎこちなかった。学生同士の討論も思ったほど活発ではなかった。私からの発問、それへの回答という一方向的なやりとりが中心になってしまった。留学生時代に受けた授業に照らして自分の授業を顧みると、まだまだである。もっとうまくやれないだろうか。何かもっといい方法はないものか。

初回の授業についてこのように「反省」をしたのも、もっといい授業をしたいという内発的な動機からだけではなく、外在的な、いわば強制的な理由があったからである。

アメリカの大学では、授業の終わりに学生たちがそのコースについて評価をする。その評価には、教授がディスカッションをうまく導いてくれたかどうか、適切な質疑応答ができたかどうか、といった項目が含まれている。学生による授業評価によって、今後のアメリカでのティーチングのチャンスも変わってくるかもしれない。評価があまり芳《かんば》しくなければ、二度と呼んでくれないことだってありうる。

もうひとつ心配なのは、学生の授業登録の取り消しだ。私の授業に登録している学生の数は六名。授業開始後、三週間以内に登録を取り消せば、授業料は全額もどってくる。ところで問題なのは、学生数が四人以下になってしまった授業は取り止めになる、という規則があるらしいのだ。この情報が正しいとすれば、二人の学生がクラスをキャンセルした時点で、私の授業はなくなってしまう。アメリカの学生たちは授業料を教育への投資と割り切って考えている。それだけに評価の低い授業は、高い授業料に値しないものと、平気で登録を取り消されてしまうだろう。授業への評価は彼らの「投資」行動と密接に結び付いているのだ。もし評判が悪く、二、三週間で授業の取り止めという事態にでもなったら、せっかくのチャンスをくださったスミス副学部長に申し訳ない。アメリカの学生たちに、日本社会について学んでもらおうとはるばるやってきた当初の目的のためにも、なんとかもっとよい授業をしたい。

アメリカの大学では、自分の授業をどれだけうまくやれるか、それがつねに評価され、大学教授の処遇に関わってくる。私の場合は、たとえ悪い評価が下されても「サバイバル」の問題までには至らない。しかし、これがアメリカでテニュアをめざす若手の大学教師だったら、授業評価の圧力はさぞ厳しいものだろう。テニュアを与えるかどうかの判断には、研究業績ばかりでなく、教育面の評価も重要なウェイトを占めるからだ。

留学時代に、いっときだがアメリカの大学への就職を考えたことがある。結局、テニュア取得までの厳しさを知りあきらめた。研究業績を積む一方で、授業についても「手抜き」ができない。研究発表を迫る"publish or perish"の原則と、授業評価を厳密に行う教育面での「勤務評定」との挟撃。その厳しさから逃れ、若い時期に少しでもゆったりと研究に専念できる日本での就職を選んだのだが、こうして「非常勤」ではあれアメリカの大学の教壇に立ってみると、大学教師のサバイバルゲームがいかに厳しいものか、話で聞く以上に身にしみてわかる。授業への評価が自分の先々の生活に関わってくる、そういうプレッシャーが、若い大学教師たちを授業の改善に向かわせる強制力となっているのだ。そういう厳しさが、アメリカの大学教育の「質」の高さを保証しているのだろう。

それほどのプレッシャーではないにしろ、私も授業の改善に乗り出した。ディスカッションを軌道にのせるためには、何か工夫がいる。私の場合は、まず教室の変更という手を打つことにした。

議論が思ったほど活発でなかったのは、教室のせいかもしれない。ビジネススクールが講義に使っているあの部屋では、六人の学生とゼミ形式の授業をやるには広すぎる。講義用につくられた部屋では、床に固定された机の配置も学生が黒板に向かうかたちになっており、学生同士の討論を促すには不向きだ。そう思ったので、さっそくサマーセッションのオフィスを訪ね、教室の変更願いを申し出た。

私の研究室のすぐ近くに手頃な大きさの教室がある。部屋が狭い分、学生との実際の距離も心理的距離を縮めることができるだろう。机付きのイスも移動可能だから、サークルをつくれば学生同士が向かい合える。学生同士のディスカッションを促すにも、こちらのほうが好都合だ。

オフィスからＯＫをもらい教室を変えた。そして、二回目の授業が始まった。

カミングス『ニッポンの学校』を読む

二回目と四回目の授業では、日本の教育を知るうえで基本文献ともいえる二冊の本を取り上げ、それをもとにディスカッションをした。W・カミングスの『ニッポンの学校』とT・ローレンの『日本の高校』である。この二冊は、英文で読める日本教育についての最良の文献であるといってよいだろう。日本の研究者にも少なからぬ影響を与え、しばしば引用される研究でもある。

外国の研究者が日本の教育をどのように見ているかについては、日本でも議論されることがある。外国人による研究を「合わせ鏡」として、日本の教育を見直そう。そういう関心から外国人研究者による日本の教育研究が取り上げられるのである。[5]しかし、これら外国人学者による日本研究が、外国でどのように読まれているかについては、ほとんど論じられることがないようだ。とくに、一般の読者にどのように読まれているのかは、あまり知られていない。日本でのこれまでの議論の中心は、外国人学者の日本（教育）研究を日本人（学者）がどう読むかにあったように思う。

外国人学者の研究は、同じ国の一般読者にどのように読まれているか。それはまた、日本の教育について読者にどのようなイメージを与え、いかなる理解をもたらしているか。外国人読者は、日本の教育のどこに関心をもち、何を知りたいと思うのか。「合わせ鏡」の内側に入って、そこから日本の教育を見直すことも、比較研究の中では重要な作業になる。一般読者が、これらの本のどこに興味を示し、それをどう読むか。そこには当然ながら、読者の「読み」のコンテクストが反映しているはずだし、それはまた、著者たちのコンテクストとも通底するところだろう。以下に再構成した授業でのディスカッションの様子をもとに、ここではアメリカ人読者の「読み」を相対化する。そうすることを通じて、日本の教育の特徴が、なぜユニークなものとして彼らの目に映るのかを探っていくことにしよう。

能力、努力、そして平等主義

カミングスの『ニッポンの学校』の原題は、'Education and Equality in Japan'——直訳すれば、『日本における教育と平等』——である。初等、中等教育を中心に、日本の教育制度がいかに社会の平等化に寄与したかを詳細に論じた書物である。二回目の授業では、この本を取り上げて議論した。

一週間も置かずに始まる二回目の授業までにこの本全部を読むのは、さすがのアメリカ人学生にも厳しいだろうと判断し、全一〇章のうち五つを指定して授業までに読んでおいてもらった。この分量は、日本の大学院のゼミで一回に読む量よりは多いのだろうが、クラスディスカッションを見ている限り学生たちはきちんと読んできたようだ。

カミングスの本に、「アメリカの教師とは対照的に、日本の教師は、子どもが能力において平等であり、成績に差が生じるのは生徒の努力不足によるものだと考えている」というくだりがある（訳書一六三頁）。この記述に代表される、日本の学校における努力主義と平等主義とに学生たちの関心が集まった。アメリカ人読者の関心を最も引いたのがこの部分であったといってもよい。

「本当に日本の子どもたちには能力差がないの？」という質問でディスカッションは始まった。彼らアメリカ人、とくに学校の教師たちにとって、日本の教師が子どもの能力差を認めないというカミングスの記述は、こうした「素朴な」疑問を生むほどに驚きに値するものだったようだ。

子どもの能力に違いがあることを認め、それを前提に教育を組み立てるアメリカの学校。日々の教育実践の中で、子どもたちの学習能力の違いと身をもって対決しているアメリカ人教師たちの「常識」からすれば、能力差を認めず、成績の違いを努力の差異に還元しようとする日本の学校教師の考え方は、よほど特異なものに映ったのだろう。すでにアメリカのマスコミが作り上げた「単一民族国家」としての日本、そしてその教育の優秀さといったイメージを下敷きにすれば、『ニッポンの学校』のこの部分は、「日本の子どもたちには本当に能力差がないのかもしれない」とアメリカの読者には読めてしまうのかもしれない。

シカゴ市郊外の小学校で六年生を教えているベッキーによれば、アメリカの学校では一年生の時から能力別の指導が行われることも珍しくないという。勉強の遅れる子どもは特別クラスにいれられ、そこで指導を受けるのである。あるいは、同じクラスの中で能力別に机を分けることもある。進級でさえ、日本のように自動的ではないそうだ。

「日本の教師も、実際には子どもたちに能力の違いがあることに気づいている。事実、日本の子どもたちの学習能力には差がある。けれども、それをあえて表に出さないところに、日本の教育の特色があるんじゃないか」と一応の回答を示し、私は議論の行方を見守った。このコメントをきっかけに、アメリカ流の能力主義と日本流の努力主義教育との比較論が進んだ。

「本当は能力の差があるのだったら、勉強の遅れた子どもを早いうちに救ってあげるアメリカの学校のほうが親切だし、効果的じゃないかしら」とカレン。能力差を前提に学業達成の差を現実問題として対処しようとすれば、能力に応じた指導が「効果的」であるという判断は容易につく。カレンの発言を裏返せば、日本の学校は現実を容認せず、勉強の遅れた子どもたちを放置してしまう「不親切な」学校というふうに見えるのだろう。

「でも、あまり早いうちに能力別の指導をしてしまうと、勉強の遅れた子どもたちに失敗者の烙印を押すことにもなりかねないわ。アメリカの学校では失敗体験を早くから植えつけてしまうことにならないかしら。遅いクラスに入れられることで、子どものやる気が早い時期に失われることにもなりかねないしね」とベッキーが反論する。

「その意味で、能力差を意図的に否定して努力を強調する日本の学校のメリットは、生徒全員の参加を保証することにあるのかもしれない」とマークがいう。

「生徒の成績の差を努力のせいにすることは、やる気とか精神力の大切さを教えることにもなっているのかもしれないわ。日本人の勤勉さとも関係があるのかしら」とナンシー。

日本教育の「優秀さ」を知ってしまったアメリカ人の目から見ると、先ほどのカレンの発言とは別に、能力差を否定して努力に力点を置くことが、日本の子どもたちの高い学業達成度の原因である、と解釈することもできるのだ。カレンは現役の学生で、それに続く意見をいったのは、いずれも学校の教師をしている学生たちだ。低学力問題に直面しているアメリカの教師たちには、生徒のやる気を維持し、勤勉を強調する努力主義の利点が、その欠点以上によく見えてくるのかもしれない。能力差を前提に能力別指導を行ってきたアメリカの学校の限界を知っているだけに、能力差を認めないという「非常識」とセットになって努力を強調する日本の学校の実践は、彼ら彼女たちにとって新たな問題解決の方途と映るのだろう。「別の本で、日本の文部省（当時）は内容のぎっしりつまったカリキュラムを、どの生徒にも履修させるってあったけど、だれもが同じカリキュラムを履修できるという前提の中には、能力の平等という考えが入っているのかもしれない。努力すればだれでも理解できるってという前提があるのかしら」と、今やアメリカでも有名になっている日本の全国共通のカリキュラムと関連づけてカレンが問題を提起した。

なるほど、文部省によるカリキュラムの統制は、日本の学校に広く根づいている能力＝平等主義と関係があるのかもしれない。あれほど（少なくともアメリカの学校に比べれば）過密な「つめこみカリキュラム」を学習指導要領によってすべての学校に強制できるのも、子どもの能力差を表向きは認めないという平等主義思想が背景にあるからだと考えられる。「だれでも努力すれば履修できる」とする能力＝平等主義、努力主義の考えが、過密でしかも「画一的」なカリキュラムの成立と普及に与《あずか》っているのだろう。

「でも、努力してもだめな子は、結局どうなるの？」とステファニーが疑問をぶつけた。

「塾だよ。〝補習塾〟っていうやつ」とマークが答える。

ここで努力と平等主義についての議論は、日本での塾の役割にまで及ぶことになった。

「学校は生徒の能力が平等であることを前提にしているのだから、能力別の指導はできない。遅れた生徒への指導は学校の外、つまり塾にまかされるのじゃないか」とマークが続ける。塾の補習教育のおかげで、公的教育機関である学校は、能力＝平等主義を平然と維持できるというのだ。

「子どもの能力差を認めて、子どもに応じた教育をするよう求められるアメリカの学校の場合、それでも子どもの勉強が遅れて追いつかない、進歩が見られないということになると、それは、学校の問題、学校の社会的責任になるわね。この点については、とくに納税者である地域社会や親たちの追及は相当なものよ」と小学校の校長をやっているバーバラがコメントした。努力と能力、平等についての議論はついに学校の「アカウンタビリティ」（公的機関として納税するに値するだけの結果《アウトプット》を生んでいるか否かの責任）の問題にまで発展した。

たしかに、日本でも「能力・適性」に応じた教育ということがいわれる。だが、実際には、子どもの能力レベルに応じた適切な教育の開発や補習といったことの多くは、正規の学校以外の教育機関にまかされている。学習能力の違いを前提として学習環境を整備するという考えは、とくに低学年では公にはタブー視されているといってよい。

「ジュク」とセットになってはじめて、日本の教育は能力＝平等主義のたてまえを堅持できるのであり、一方、「ジュク」のないアメリカでは、学校が能力差を埋める責任を背負わされている。こうした背景からアメリカの学校ではアカウンタビリティが問われるというのだ。それに対し、日本では学校のアカウンタビリティはほとんど問題とならない。その理由のひとつに「ジュク」の存在があるという指摘は、私的な営みが公的な営みの問題点をカバーすることで、全体のバランスを保つと同時に、公的なものの責任をあいまいにする日本社会の特徴をとらえている。カリキュラムの公的統制、個人の努力に依存して成立する能力＝平等主義の公的イデオロギー、そして学校のアカウンタビリティの不在と「ジュク」。ここでの議論は、日本の教育における公私の分け方を考えていくうえでひとつのヒントを提供していて興味深い。

「でも、そうすると日本の場合、家計の違いが子どもの成績の違いにはねかえってしまうわ。だって、塾って有料の私立の教育機関なんでしょう」とカレンがいう。

塾による補習教育が、事実上存在する子どもの能力差を補っているとしても、カレンが指摘したように、そのことが教育機会の社会的不平等の問題として論じられることはあまりない。受験競争を過熱する「元凶」として塾を問題にすることはあっても、社会的公正の問題として塾を取り上げることは（一九九〇年代後半に入るころまでは）あまりなかった。その意味でカレンの指摘は、日本の能力＝平等主義教育と日本社会の平等、公正の問題との矛盾を突いている。ここにも、日本社会の公私の分離の問題が横たわっているようだ。

能力＝平等主義の問題ほどには関心を集めなかったものの、もうひとつ議論の対象となったテーマは、日本の学校の「全人教育」である。カミングスが“whole person education”と英訳した「全人教育」という言葉に、何人かの学生が興味を示した。教室の清掃も給食当番も、日本の学校では「教育」の一環として位置づけられている。「教育」として括られる学校の責任範囲がアメリカのそれより大きいのだ。さまざまな教育活動を、「全人教育」という大きな目標に結び付けて、専門分化させない日本の学校の統合性も、それぞれの役割ごとに専門家を置くアメリカの学校とは違うものに映ったようだ。

日本の学校では規律の問題がアメリカほどに問題にならないのも、こうした全人教育のおかげではないかという指摘もあった。生徒に学校内の清掃や昼食のサービスをさせることで、アメリカの学校に比べ教育費の節約になっているという意見も出た。アメリカの教育支出のうち、用務員や清掃員、カフェテリアの職員の給与が占める割合は小さくないが、金銭面でも日本の教育制度は効率的にできているというのだ。

教室を変更したおかげか、それともカミングスの本が刺激的だったからか、クラスでの議論は沸騰した。授業のはじめに、「入試」の緊張や「予備校」、「浪人」生活という彼らアメリカ人が味わったことのない経験もふくめて私自身の日本での学校体験談を「まくら」に話したのも、学生との親密感を増すのに成功したようだ。前回に比べ、あっという間の二時間だった。授業が終わってからも、帰らずにしばし議論を続ける学生たちがいた。大成功だ。これでなんとかやっていける。自信を回復し、研究室に引き返す。その足どりが一回目の授業の後よりはるかに軽かったのはいうまでもない。

4 ハイスクールと高校

ローレンを読む

カミングスの『ニッポンの学校』をテキストに使った授業以来、クラスでのディスカッションは活発になった。漠然としたかたちでしかなかった学生たちの日本の教育への関心に、カミングスの本が具体的なレベルで問題を提起してくれたからだろう。日本の教育のどこがアメリカと異なり、何を問題としていけば日米両国の教育システムのより深い理解につながるのか。これまでの授業を通してある程度方向を示すことができたからかもしれない。

カミングスの『ニッポンの学校』は、小、中学校に焦点を当て、しかも、教育が日本社会の平等化に寄与したことを積極的に評価した研究である。これに続いて取り上げたのが、ローレンの『日本の高校』である。『日本の高校』は、扱っている教育段階もひとつあがり、しかも教育が日本社会の階層化=不平等にどのように関わっているのかを中心テーマとしている。学校間格差や入試というかたちで、社会的選抜がより明瞭となる段階、すなわち、トラッキング・システムとしての高校の問題を扱っているのである。それを反映して、この回の授業では、入試や選抜ということを中心に議論が展開した。

ほとんどのアメリカ人は厳密な意味での入学試験を経験しない。公立高校への入学の際に試験はなく、自分の住んでいる学校区の高校に行くのがふつうである。大学入学の場合も、SATやACTといった進学適性検査を受ける場合はあるが[6]、日本のように合否の比重が入学試験に極端にかけられることはない。ローレンの本に出てくる高校入試、大学入試についての議論は、したがって、彼らアメリカ人の学生から見れば、自分たちの与り知らない別の世界の出来事のように映るようだ。それゆえか、「異文化」としての入学試験に、学生たちの関心が集まった。

興味深かったのは、入試問題の内容についての学生たちの反応である。ローレンの本には、一生を左右しかねない入学試験の結果を、日本人が神からのご託宣のように受け入れている様子を、やや皮肉を込めて語った部分がある。そこでは、日本の入学試験が、役に立ちそうもない知識の詰め込みにいかに終始しているのかを例示するために、入試問題の実例が紹介されている。西洋の「教養」として、欧米人のほうが当然精通していてよさそうな、ギリシャ、ローマ時代の思想史の知識を問う選択式の穴埋め問題。西欧人のほうが身近な問題として知っていてもよい、ライン川流域の地理を扱った穴埋め問題。受験経験のある日本人にはおなじみの、クイズのような暗記問題が例示されている。中でも、翻訳書では省略されているが、英語の入試問題が学生たちの関心を引いた。

「(選択式の問題について) どれが正解だか私たちにもわからないわ」とナンシー。

「これ、本当に日本の高校生が答えられるのかい?」マークが首を傾げる。

「この英文、時代遅れじゃないかしら。ちょっと変よ。私にも解釈できないもの」と年配のバーバラ。

ローレンの意図は見事に当たった。日本の入試がいかに恣意性に満ち、実用からかけ離れたナンセンスな記憶力テストであるのかをアメリカ人読者に印象づけるのに成功している。ローレンのこの部分を読み、アメリカ人読者たちは自分の理解を超えた「異文化」として日本の入試をとらえるようになるのだ。

こうしたコンテクストの中で、本の中の次の文章が学生の目にとまった。

もしも、入試が音楽の技能を中心とするものであったとしたら、ひとり残らず (日本人は) 音楽を勉強したことであろう。もしも、手先の器用さが (入試で) 測定されることになれば、手先の器用さの訓練が驚くほどの人気を集めたことであろう。

（『日本の高校』友田泰正訳　七一頁）

日本人なら首を傾げたくなるほど、いくぶん誇張を含んだこの部分について、ほとんどの学生が「多分本当にそうなのだろう」と信じている様子だった。英語や社会の入試問題の実例がよほど効いたらしい。ローレンのこの記述を疑うものは一人もいない。実例としてあげられた入試問題は、彼らの常識からすれば、それだけ、知識の有用性からかけ離れた、内容を問わないテストであると映ったのだろう。測られるものの内容の意味とは無関係に、日本人は入試の結果を「正当な決定として」受け入れる。ローレンがいわんとしていることは、そのあまりに説得的な入試問題の例示によって、やすやすとアメリカ人読者の信じるところとなる。

それでは、日本の入試では何を測定しているのかと私が質問すると、「内容が何であれ、努力を競うのが日本の教育の特徴なのではないか」という答えが学生たちから返ってきた。問われる知識自体の意味からたとえかけ離れたものであっても、生徒たちに「勤勉」と「努力」の尊さを教えるしくみ。「異文化」としての日本の入試は、入試を経験しない彼らアメリカ人から見れば、生徒たちの「努力」を引き出す錬金術のように見えるようだ。それはまた、アメリカの学校で教壇に立ち、低い学力とやる気の乏しい生徒たちに日常的に接している彼らの問題を、「優れた日本の教育」というフィルターを通して、映し出しているかのようでもあった。

こうした文脈から、話題は高校入試に移った。高校入試については賛否両論が出された。高校入試の欠如が、アメリカの若者たちの学習への動機づけを弱めているという意見。日本のように入試を取り入れれば、アメリカの生徒たちももっと勉強するようになるだろうという意見。いや、高校段階での入学試験は、人種差別を助長してしまうのではないか。一五歳というのは、その後の人生行路を決めるには早すぎる、という意見もあった。

そして、話は高校の学区制にまで及んだ。シカゴのような大都市では、エスニック・グループごとの住み分けができあがっている。高校の学区もその住民グループの特徴を反映する。黒人が多数を占める高校。アジア系、とくに韓国系やベトナム系が増えてきているという高校。ほとんど白人だけの郊外の学校。「その地区に住む住民の経済的な豊かさがその学区の高校の予算額にもはねかえってくる」「親の教育意識も学区によって全然違っているわ」と、高校の教師をしているマークとナンシーがシカゴ周辺の高校事情を説明してくれた。予算が少ないと魅力的な新しい教育プログラムの導入も難しい。優れた教師のリクルートにも支障が出る。それに比べ、どこに住んでいるかよりも、入試で学校が決まる日本の場合には、少なくとも学校間で予算面での差別は生まれないはずだ、とマークが自分の経験をもとに指摘した。

地域間での学校の「質」の違いとそれが生み出しうる教育の効果については、アメリカでは、六〇年代に「コールマン・レポート」をきっかけに盛んに議論が行われた。さまざまな調査、研究が発表され、学問的には教育予算の差異が教育効果の差異を単純に生むわけではないというところで決着がついた。私の「研究史的」な理解に立てば、これはすでに確定した〝事実〟と思われた。しかし、現場の教師たちの話によれば、この問題はいまだ決着を見ていないようだ。

たしかに日本の学校間格差は、生徒の学力や大学進学率の差異を反映している。また、ローレンがいうように、学校間には生徒の出身階層の違いが存在することも事実である。しかし、学校の設備や予算といった面での違いは小さい。公立校に限っていえば、教師の質にもそれほど大きな差異があるとはいえないだろう。生徒の階層差にしても、入試の結果として生まれるものであって、住んでいる地域によって自動的に決まるようなものではない。アメリカの高校の学区ごとの教育条件の差異に比べれば、日本の高校間格差は、「伝統」や「名声」といったイメージの差異にもとづいているにすぎないのかもしれない。

そのイメージを軸に入試という競争が展開する。そして、そのわずかな差異をめぐる競争は、生徒の勉学へ向けての動機づけを高めるのに成功している。それに対し、入試のないアメリカの高校は、学区ごとの教育条件の差異を残したまま、生徒たちに自動的な高校進学を許している。平等と効率、そして階級社会の表れ方。高校というありふれた制度からも、日米ふたつの社会の大きな違いが見えてくる。

日本人教師とのQ&A

カミングス、ローレンといった優れたアメリカ人学者による日本教育の研究は、学生たちに日本の教育を考えるための重要なてがかりを与えてくれた。六週間の夏学期も半分が過ぎようとしたころ、こうして文献を通して学んだことを、より具体的なレベルで理解してもらおうと、一回の授業時間を割いて新しい試みに取り組むことにした。シカゴ郊外の日本人学校の先生にお願いして、私の授業に参加していただくことにしたのである。

シカゴ市郊外には主に日本からの駐在員の子女を教えるための日本人学校がある。すでに見たように私の授業でも一度授業参観をお願いし、アメリカ人学生を引き連れて訪れたことがある。その折には、全日校[7]にお願いしたのだが、今回は補習校[8]の先生に来ていただくことにした。

補習校には文部省から派遣された教師が二人いる。一人は日本の小学校で国語を教えていたという、その年に来たばかりの補習校の校長。そして、もう一人は日本の中学で英語を担当していたという、アメリカ生活三年目を迎える教頭である。この二人に私のクラスに来ていただき、学生たちとのセッションをもつことにしたのである。文献から学んだことを、「当事者」との質疑応答の中で、学生たちにさらに発展させて理解してもらおう。私のクラスの登録者の多くはアメリカの学校の教師たちだが、日米の教師たちが直接向かい合って教育について語り合うことで、互いに学び合えることがあるだろうという期待もあった。この回の授業はさながら小規模な「日米教師討論会」のようになった。

このセッションの中で日本人の教師たちに向けられた質問には、アメリカ人学生たち（彼らは同時にアメリカの教師でもある）の日本の教育に対する関心が投影されている。そこでの質疑を一部再現しよう。

私を通訳に、質疑は教科書についての話から始まった。日本人教師たちが私の学生たちに見せようと、学校で使っている教科書をもってきてくれたのがきっかけとなったようだ。

＊「教科書の採択はどうやるのですか」と、私立小学校の校長をしているバーバラが質問した。「アメリカでは教科書採択に際し、教科書会社の圧力がとても大きいのです。教育委員会に教科書会社——そのほとんどが大きな企業です——がいろいろなかたちで圧力をかける。教師たちの意見は反映されにくいのが現実です」。

「日本では地域ごとに教科書を選びます。その地域内の学校からそれぞれ代表教師が選ばれ、彼らが協議して自分たちで決めます」と補習校の校長が答える。

＊「日本の学校の教師たちは、塾についてどう思っているのですか。塾のことを悪く思っているのかしら？　塾と学校との関係はどうなんです？」というベッキーの質問に、校長は「学校と塾の関係は、近代的な病院と、そう『漢方の薬局』——ご存じですか、伝統的な中国風の薬屋さんです——との関係のようなものです。学校が病院で、塾は漢方薬の薬局。主役は学校ですが、互いに特徴をいかし合いながら、助け合って教育をしています」と答えた。

＊「生徒の能力の差異についてはどう思いますか。本当に日本の教師たちは生徒たちの間に能力の差がないと信じているのですか。そうだとしたら、授業についていけなくなった子どもたちをどう扱うのですか」とマークが聞く。

「日本の学校では、生徒全員の学力の向上をめざしています。平均的な生徒を中心に、理解の遅い子にも早い子にも、わかる授業、ついていける授業をこころがけています。生徒全員を大切にするというのが日本のやり方です」と校長が答えた。

＊「教師の研修について教えてください。日本では教師の研修はどのように行われるのでしょうか。アメリカの高校では、いま生徒の麻薬問題やアルコール依存症の問題に対処するために教師の特別研修が行われています。日本でも特定の問題に対処するための研修があるのですか」とナンシー。教頭が、日本での研修について概略を説明した。

学生たちの質問には、本で読んだ日本の教育が本当のところどうなっているのかを「当事者」から確かめようという態度、自分たちの抱える問題を日本の教師たちがどのように対処しているのかを知ろうとする姿勢がうかがえる。カメラを持参した日本人教師の要望に応じて、最後にみんなで「記念撮影」をして、「日米教師討論会」は終わった。

高校から職業へ――アメリカの苦悩

六週間の授業スケジュールの残りの半分では、学校から職業への移行の問題、職業の世界と教育の関連についての文献を取り上げ、クラス討論を進めた。

授業が順調に進んでいたある日、一本の電話が私のオフィスにかかってきた。ワシントンからだという。連邦政府のある部局が、アメリカの若年者失業や学力低下の問題について、議会に提出するレポートを作成している。その参考にしたいので、日本での学校卒業者の就職について私の話を聞きたいというのだ。私がローゼンバウム教授と書いた、その分野の最近の論文[9]を読み、教授に連絡を取ったところ、共著者の私が現在アメリカにいると聞いて直接電話したのだという。

「一～二時間でもいいですから、ワシントンに来て話をしてくださいませんか。ぜひお願いします」

新米教師は新米研究者でもある。そんなかけだしの私にワシントンまで来て話をしろという。いったいこれはどうしたことか。アメリカはどうなっているんだろう? 「授業の準備がありますので……」とはじめはためらっていた私も、丁重に依頼を繰り返す女性行政官、Sさんの誘いに、最後には、「金曜の朝こちらを発てば午後にはなんとかワシントンに着けるでしょう」と答えていた。「こちらから話をするだけでなく、向こうの話も聞けるだろう」。もち前の好奇心も手伝って、Sさんの依頼を承諾したのである。授業が順調に進み出したことも、私のワシントン行きの決断を促した。

およそ一時間半のフライトを終え、ワシントンのナショナル・エアポートに着くと、Ｓさんのアシスタントだという女性が出迎えてくれた。地下鉄でＳさんの待つオフィスビルに向かう。オフィスに着くと、Ｓさんともう一人の担当官である黒人の女性が待ち構えていた。アシスタントを含め、全員が女性である。三人の女性に囲まれて、私は日本の教育の特徴、高卒者を中心に学校から職業への移行が日本でどのように行われているのかをかいつまんで説明した。日本では学校が生徒の就職のめんどうをみること、就職斡旋の過程で、学校の成績が重要な選抜基準になること、学校と企業との密接な関係が日本での高校生の就職をスムーズに運んでいることなどをいくつかの数字や実例をあげて話した。すでにアメリカ教育省の『日本教育の現状』や私たちの論文は読んでいたらしく、話の中では、日本の高校での就職指導についての突っ込んだ質疑が行われた。

二時間ほどのセッションが終わり、Ｓさんが地下鉄の駅まで私を送ってくれることになった。早足で歩くその道すがら、彼女は何度となく私に同じ質問を浴びせた。「日本のやり方はわかりました。それで、あなたはこのやり方をアメリカでも使えると思いますか？」「日本のやり方を取り入れたら、アメリカでもうまくいくでしょうか？」日本のやり方をアメリカに適用できるかどうか、彼女の関心はその一点にあったようだ。自国の中では解決の糸口を見いだせないのだろうか。それほどアメリカの若者たち（とくにマイノリティーグループの若者たち）をめぐる状況は悪化しているのだろうか。「ワラをも摑むようなアメリカの危機感」、巨象が水に溺れてもがいている、そんなイメージが私の脳裏をよぎった。[10] 彼女を納得させるほどの答えを出せないまま、私たちは駅に着いた。

帰路

後半の授業では、職業と教育との関係をどのように理論的にとらえるかをテーマとした授業（参考文献には、サロー、コリンズ、ボールズとギンティスといったこの分野では有名な研究者の論文を使った）、学校から職業への移行の問題を日米だけでなくドイツやイギリスのケースも含め扱った授業、日本企業の経営や労働移動、企業内訓練といった問題をテーマにした授業などを行った。日米両国における教育と職業との関係を、学生たちのアメリカでの経験をうまく使って比較社会学的にとらえようという意図で文献を選び、ディスカッションをしたのである。授業はおおむねうまくいった。

中間レポート、そして最終レポート。シラバスで示しておいた課題を学生たちに与え、そのふたつのレポートをもとに成績をつけた。アメリカの大学では、不当と思われる教師の評価に対し学生に反論の機会を与えている。成績評価は、したがって、公平にしかも慎重に行わなければならない。幸い、学生たちのレポートのできは、まずまずであった。それぞれが、アメリカの教育と社会を再考するなんらかの手立てを、日本を比較の対象とすることで摑み取ってくれたようだ。

六週間の授業が終わった。最終レポートの採点を終え、成績表をレジストラー・オフィスに提出する。それと引き替えに、講師料のチェックをもらう。学生たちの私の授業への評価も合格点に達したようだ。授業の感想をわざわざ学部長室まで電話で知らせてくれた学生がいたと、副学部長のスミスさんが喜んだ様子で教えてくれた。そんなことは稀だという。私を呼んでくれた彼女への責任もどうやら果たせたようだ。

臨月間近の妻を日本に残した七週間の「単身赴任」が終わった。八月一日、行きとは比べものにならないほどリラックスした私をのせ、ジャンボ機が成田に着いた。長女の麻子が産声をあげたのは、時差ボケもさめやらぬ、それからわずか三〇時間後のことであった。

新書版付記

教員免許更新制

本章で、学校教員の研修について触れた（一一七頁）。その後、周知のとおり、教員免許更新制が導入され、教員免許保持者は一〇年ごとに免許更新のための講習を受けることが義務づけられた。それに伴い、大学が免許更新のための講習を提供するようになっている。夏休みに開講されるものも多い。免許更新制については賛否両論があり、しかも民主党が政権交代した際にはその廃止が謳《うた》われた。しかし、現在も継続中であり、廃止には至っていない。また、教員養成課程においても修士課程への移行が政策提言されたが、いまだ見通しも立っていない。このように教員養成および現職教員の研修については、先行きが見えない。また免許更新講習が教員の研修としてどれだけの効果をあげているかについても十分な検証が行われないまま、今日に至っている。

第3章　シラバスと大学の授業、授業評価

はじめに

正直な告白からこの文章を書き始めなければならない。私は昨年（一九九一年）の四月にはじめて日本の大学の教壇に立った。大学教師としては、まだ経験一年にも満たない若葉マークの初心者である。もっとも、それ以前に、すでに前章の体験記にあるように、二度ほど客員講師としてアメリカの大学で夏学期を教えた経験がある。そうしたわずかばかりの経験であるが、この章では、そこで得られた日本とアメリカの大学教育について、とくにシラバスと大学における教育「評価」との関係から考えてみたい。

短期間ながら、アメリカの大学で教えた経験は、私にとって大学教育について考えるうえで貴重な準拠枠になっている。今でも、アメリカの大学ではじめて教壇に立った時の緊張感は忘れない。英語で教えるという言葉の問題もあった。けれども、それ以上に、すでに第2

章でも書いたように、緊張の多くは、学生による授業評価のプレッシャーに由来していたといってよい。

はじめての大学での授業経験が、厳しい評価の目にさらされる。たしかに私の場合には、テニュアの取得や昇進にはまったく関係はなかった。あくまでも外部者としての客員講師にすぎなかった。それでも授業評価の内容次第では、今後客員講師として呼んでもらえなくなるかもしれない。それ以上に、わざわざ日本から太平洋を越えて私を招聘《しょうへい》してくれたノースウェスタン大学の先生方に対して責任をまっとうしたいという気持ちもあった。実利的なことを度外視しても、自分の教える技量がどのようなものか、客観的に評価され、示されるというだけでも相当のプレッシャーがかかる。それが、私にとって生まれてはじめて体験する大学でのティーチングの緊張感となって現れたのである。

さて、このアメリカでの授業を準備するために最初に取り掛かったのは、これから紹介する「シラバス」づくりである。シラバスは、日本では「講義要項」「履修要項」などと訳される。実際にはなかなか日本語になりにくいアメリカの教育用語である。それだけ日本の大学教育にはなじみが薄いということだろう（もちろん二〇一二年の今ではカタカナのまま定着している）。

しかし、アメリカの大学では、シラバスは次のふたつの点で大学における教育「評価」と密接な関係をもっている。第一に、大学全体のアクレディテーション（基準認定）に際して、実際にどのような教育が行われているのかを評価するためにシラバスが集められる。シラバスを見れば、その大学でどのような内容の授業が行われているのかが具体的にわかるからである。その意味で、シラバスは外部からの大学評価に関わる重要な情報源のひとつとして位置づけられている。

第二に、後で詳しく見るように、より日常的には、シラバスは学生による授業評価と密接な関係がある。そして実際に、アメリカの大学が使っている学生の授業評価には、シラバスに記載されるような項目について評価を求めることが多い。

しばしば指摘されるように、アメリカの大学生は「消費者意識」が強いといわれる。高額な授業料に見合うだけの教育サービスを受けられるかどうか。日本の学生以上に厳しい選択の目をもって、教育を選ぶ。それは、教育機関の選択にとどまらず、どのような授業に登録するかについてもあてはまる。とりわけ、私にとってはじめての授業実践の舞台となった教育学大学院のように、現職教員を含む成人学生が多数を占めるところでは、その傾向はますます強く現れる。こうした文脈にあてはめてみると、シラバスとは、教育サービスの売買における商品の詳細な「カタログ」であると見ることができる。シラバスは、授業開始以前に掲示されたり、授業の初日に配布されたりする。したがって、消費者である学生にとって、シラバスは登録変更が可能な期間中に、どのような教育サービスを購入するかを判断する際の重要な選択基準となるのである。

と同時に、実際の授業とその成果である学生の成績は、シラバスに書かれた内容にしたがって評価される。それゆえ、別のたとえ方をすれば、シラバスは教育サービスの「売買契約書」としての意味をもつ。学生に対してこれだけの教育サービスを提供し、その対価として、このような課業を課す、そしてその業績に対し、このような方法で成績評価を行う、といった情報がすべてシラバスに明示されるからである。

シラバスの形式

次に示すのは、何人かのアメリカの大学教授が実際に用いている教育社会学の授業のシラバスを参考に、若干の修正と省略を加えて、日本語としてつくり直したものである。

ここに示したシラバスには、以下の情報が含まれている。⑴授業に関する基本的情報（授業名、科目番号、教室、日時）、⑵担当講師に関する情報（講師名、所属、研究室の場所と電話番号、オフィスアワーの曜日と時間）、(3)講義の目的、スケジュール（そこには、毎回の授業のテーマとあらかじめ読んでおくべき文献についての情報が含まれる）、(4)成績評価の方法、(5)文献の入手方法（図書館での「リザーブ」の有無、購入すべき図書であればどこで買えるか）、(6)履修条件（この授業を登録できる資格）。

以上の項目について、シラバスがどのような性格をもつ文書なのか、という点から、若干の説明をしておこう。シラバスには、(1)事務的連絡文書としての性格、(2)法的契約書としての性格、(3)学術情報（レファレンス）文書としての性格、(4)学習指導書的文書としての性格、という四つの側面があると考えられる。[1]

はじめに、「事務的連絡文書」としての側面についてだが、シラバスにはたいてい担当講師の「オフィスアワー」が、明示されている。そして、担当講師の研究室の所在地や電話番号といった、教師にアクセスするための情報も含まれる。さらに、宿題やレポートの分量や提出期限、それに提出先といった学生たちへのアサインメントに関する連絡事項も含まれている。

もうひとつ重要な事務的連絡事項に、授業で使う文献の入手のしかたについての情報がある。アメリカの大学では、一冊の教科書を使うかどうか、あるいは講義形式の授業かセミナ

教育240-D60社会的機会と教育政策

教室：Aホール5-123
時間：火曜1～2時15分
　　　木曜1～2時15分
1991年冬学期

担当講師：T. K.
研究室：3-120 Aホール
オフィスアワー：金曜1～3時
電話：123-4567

授業のねらい：
このコースでは次の問題について検討する。(1)若者たちはどのようにして社会のなかで自分の占める地位を獲得するのか。(2)社会は、そのプロセスにどのようにかかわり、若者たちの選抜を行うのか。(3)選抜の過程を人々はどのように通過していくのか。(4)その過程は、能力、個人の選択、親の期待とプレッシャー、学校、性別、人種、社会階級といった要因とどのように結び付いているのか。以上の諸問題について、以下に提示する文献を用いて検討を行う。

履修条件：C35、またはC50を履修していること

テーマと文献：

1．学校はメリトクラティックか？
この2回の授業では、学校がメリトクラティックであるかどうか、その意味はいかなるものであるかを検討する。
　1月7日
　　Michael Young, *The Rise of the Meritocracy*（ペーパーバック）
　1月9日

Herrnstein, "IQ", *Atlantic*, vol.228, ＃3, Sep. 1971, pp.44-64（リザーブ）
Alan Gartner, et al.,"The New Assault on Equality", in Evans, Kagan, et al. eds. pp.102-109（リザーブ）

2．学校の影響力
この回には、学校が不平等の是正にどの程度寄与しているかいないのかについて検討する。
1月14日
Christopher Jencks, et al., *Inequality*（ペーパーバック）:"Cognitive Skills"（pp.52-109）;
"Occupational Status"（pp.191-199）;"Income"（pp.226-232）; and Conclusion（pp.253-265）
"Perspective on Inequality"（ペーパーバック）, *Harvard Educational Review*, Feb. 1973, vol.43, ＃1.
Melvlin, "Forensic Social Science"（pp.61-75）;
Michaelson, "The Further Responsibility of Intellectuals"（pp.92-105）;
Thurow, "Providing The Absense of Positive Associations"（pp.106-112）

（以下、引き続く授業スケジュールと文献については省略）

＊文献については、図書館にリザーブしてあるほか、ペーパーバックは○○書店にて入手可能。論文のコピーは○○コピー店で入手可能。

成績評価：
中間レポート（ダブルスペースで20枚、タイプ仕上げのこと；成績評価の50%）
期末試験（講読文献にもとづく；評価の40%）
授業でのディスカッションへの参加度（評価の10%）

ーかにかかわらず、ほとんどの授業では学生に毎回なんらかの文献講読を予習として求める。多くの日本の大学のように、学生は講義を聞くだけで十分というわけではない。このような授業形式をとるために、文献についての正確な書誌的情報、そして、いつ、どこで、いくらで手に入れられるのかといった文献の入手方法について、なるべく詳しい情報をのせておくことが求められる。このような面で情報の不完全なシラバスは、文献を入手できない学生を出したり、入手に手間どることで読む時間を学生から奪ってしまうといったロスをまねきかねない。

指定した文献を学生たちが手軽に見ることを保証するためのもうひとつの方法は、文献の「リザーブ」である。リザーブとは前章でも触れたように、その学期中、指定された文献が図書館外に貸し出しされるのを制限し、それらの文献を「リザーブルーム」などと呼ばれる特定の場所に「保管」することを意味する。また、書籍でなく、論文のコピーなどがリザーブされる場所には、館内での貸し出し時間を三時間とか六時間とかに限定することもある。いずれも受講生が不都合なく文献にアクセスできるようにするための措置である。どの文献がどのようにリザーブされているかについての情報も、ここでいう事務的連絡文書としてシラバスに記載される重要な項目である。

次に「法的契約書」としての側面であるが、先に述べたように、シラバスには成績評価をどのような方法で行うか、そしてまた、異なる課業（「クイズ」と呼ばれる小テスト、試験、レポート、出席、授業中の発表など）が与えられる場合には、それぞれが最終的な成績評価にどのような割合で関わってくるか、といった成績評価に関する情報をあらかじめ学生に与えておく意味がある。学生の側から見れば、何がどれだけ成績に関係するのかを、授業登録の前に知ることができるのである。

このような成績評価の内訳のほかに、(1)出欠を取るかどうか、また、取る場合にはそれを成績評価に組み込むかどうか、(2)補講を行う場合の方針、(3)試験やレポートなどで不正が行われた場合の処置のしかたといったことについて、シラバスに記載しておくことがある。

アメリカの大学では、こうした情報をシラバスに記載し、授業登録を完了するまでにきちんと学生に伝えておくことが不可欠と見なされている。このような情報が、たとえていえば「法的契約書」あるいは「売買契約書」というような性格をもつのは、シラバスが成績評価の「公正さ」を判断するひとつの根拠となるからである。

こうした根拠を必要とするのには理由がある。アメリカの大学生は日本の学生たち以上に成績に敏感である。なんとかして、少しでもよい点数をとろうとする。というのも、学部から大学院に進学する場合に学部時代の成績が決め手になるし、就職する場合でも日本以上に、大学の成績がものをいうと考えられているからである。このように成績に敏感なアメリカの大学生は、いろいろな理由をつけて、少しでもよい点を取ろうと努力する。

点数に敏感な学生たちは、成績のつけ方にも多大な関心をもっている。たとえば、自分の成績がなぜAマイナスではなくBプラスなのかを、教授に執拗にたずねに来る学生がいる。このような学生たちの「質問」とも「要望」とも、あるいは「抗議」とも受け取れるクレームに対し、大学の教師はそのような成績をつけた根拠を明確に示さなければならない。このような場合に、どのような基準にしたがって、何をどれだけ考慮に入れて成績をつけるのかを、あらかじめ文書（シラバス）で学生たちに伝えてあるかどうかが、「交渉」の重要な前提となるのである。

学生は、どのように成績がつけられるのかを承知したうえで、その授業に登録する。そして、シラバスで明記されたように成績が公正に付けられていれば、学生からのクレームは退けられる。しかし、文書で約束したとおりに成績評価が行われていない場合には、学生からの要望が受け入れられることもありうる。いずれにしても、教師と学生との間で、「教育の成果」についての判断のしかたを、文書によってあらかじめ確認しておくといった意味がシラバスには与えられているのである。

第三に、「学術情報（レファレンス）文書」としてのシラバスについて。シラバスは、初学者にとってその分野の基本的文献について知るための情報ソースとなる必要がある。受講する学生たちのみならず、隣接領域の研究者にとっても、その領域にはじめて接近するときに役立つ情報であることが望ましい。その場合、完全な書誌情報に加えて、それぞれの文献についての簡単な要約や紹介があれば、学術情報としてのシラバスの価値はさらに高まる。

最後に、「学習指導書的文書」としての側面は、シラバスが本来果たすべき最も重要な、中心的な部分である。それは、その授業がどのような関心にもとづいて、どのような順序で組織されているかを説明するための中核部分だからである。

毎回の授業のテーマは何か、そのテーマをめぐって、どのような文献を用いて、どういった問題について講義や討論をするのかといった、授業内容の要約はもちろんのこと、各回のテーマを全体の中でどのように位置づけるのかもわかるような体系性が求められる。すなわち、授業の各部分の配列と全体の構成とを学生たちにあらかじめ示しておくといった授業計画書の側面が、ここでは重要となる。

シラバスを書き終えれば、授業準備の多くの部分は終わったといわれる。そのようにいえるのも、教師にとってはシラバスが、授業をどのように体系づけるかをあらかじめ決めた授業計画書としての意味をもつからである。一方、学生にとって見れば、このような情報を盛り込んだシラバスは、どのようなペースでどのようなことを学んでいくのかを前もって知っておくための学習ガイドとなる。それゆえ、指導書的情報をいかにシラバスの中にまとめあげるかが、授業準備の中心となるのである。

シラバスの作り方

さて、それではシラバスはどのようにつくられるのか。私自身の経験にとどまらず、何人かのアメリカの大学教師たちの話から総合すると、シラバスの作成は授業準備の中核を占める。というのも、シラバスの作成は、授業のねらいを明確にし、そのねらいにかなう文献を探し出すこと、そしてそれを系統的に配列することを旨とするからだ。このプロセスこそ、授業の計画化にほかならない。すでに述べたことからもわかるように、どのような教材を用いて、どのような授業を、どのようなスケジュールで行うのかを、あらかじめシステマティックに示したのが、シラバスということになるのである。

もちろん、このような性格をもつシラバスをつくるためには、授業の目的にかなう文献をあらかじめ読んでおかなければならない。どのような文献をどのように使うかについての明確な考え方が、シラバス作りの前提となるのである。したがって、文献を選び出すために、アメリカの大学教師たちは、研究論文や本を読み進めることに相当の時間とエネルギーを費やす。それが授業の骨格を決めるだけに、文献選びは、授業準備の最も重要かつ骨の折れる部分である。とくに、新規の授業を開講する場合や、経験の浅い若い教師たちにとっては、文献選びは大きな負担となる。それゆえ、シラバスができた時点では、授業準備の大半は終わっているといっても過言ではないのである。

文献を選び出したあとで重要となるのは、それをどのように配列するか、毎回どれだけの分量の講読を予習として学生に課すかについての判断である。文献の配列は、どのような手順で、どのような材料を用いて授業を行うのかを決める授業計画案の作成ということになる。テーマに相応《ふさわ》しい、学生に知的な刺激を与えられるような文献を系統的に並べることがここでは重要となる。しかも、学生たちにとって、読みこなせないほどの文献を与えることはできないし、逆に、あまりに負荷をかけない予習の分量も問題となる。授業科目にもよるが、一回の授業のために一五〇～二〇〇頁くらいの講読を求めることは珍しくない。そうした授業がひとつの科目だけでも週に二、三回ある。一学期に三ないし四科目を履修していれば、単純計算しても、学生にとって週あたりに一〇〇〇頁以上の読書量が要求されることになる。このような量の文献講読のペースメーカーとなっているのが、各教授が用意したシラバスということになるのである。

講読文献の配列について興味深いのは、アメリカの大学教師たちが、一冊の本を最初から最後まで順を追って読むことに必ずしもこだわっていない点である。ある回にはある本の三章と四章を他の本の五章、六章と一緒に読む。また次の回には、一、二章をある論文と一緒に読むというようにである。このように、縦横無尽に、悪くいえば「つまみ食い的」に、文献を使うことが珍しくない。それができるのも、あらかじめ授業のテーマにそって、何を材料に何を問題にするのかを教師の側が体系化しているからである。一章から順に読み進めるというように、本の体系に依存しなくても、教師の側に明確な授業の体系ができていれば、そうした教材の使い方ができるのである。

さて、こうしてシラバスの中核部分は作られる。最後に、授業で取り上げる内容との関連やスケジュールを考慮したうえで、どのような成績評価を行うのかを決める。期末試験だけにするか、それとも中間レポートの提出を求めるか、あるいは、授業中に学生に発表させたり小テストを行ったりするか。すでに具体化して配列を終えた授業の内容とスケジュールに応じて、学生の成績評価の方法と配点について、シラバスを作成する際に決めておく。そしてそれを授業の開始時点で学生に知らせるのである。

シラバス作成を支援するしくみ

ところで、アメリカの大学には、教師たちのシラバスづくりを支援するしくみが備わっている。ひとつは、「TAセミナー」と呼ばれる、大学院時代に受ける大学教師養成のためのセミナーである。そして、もうひとつは、各専門分野の学会が作成している学部教育のための本やリーフレットの類である。

TAセミナーの詳細については、本書の第1章で述べたが、ノースウェスタン大学の社会学科のセミナーでは、八回ある会合のうちの一回分を、「授業計画とシラバスの作成」というテーマに割いている。そこでは、シラバスが大学教育においてどのような役割をもつ文書であるかについての説明と、実際にシラバスをつくるうえでの注意点といったことが、具体的な例をあげて提示される。このようなTAセミナーを通じて、大学院生たちは、シラバスの重要性、それをどのようにつくり上げていくか、どのようなシラバスがどのような教育実践を導くのかということを、大学教師になる前にあらかじめ学んでおくのである。しかも、

第1章で見たように、TAによっては実際に自分でひとつの授業をまかされ、その場を通じて実践的にシラバスづくりを経験する。セミナーで学んだことを実践場面に応用しながら、自分なりのシラバスづくりの方法を体得していくのである。

もうひとつ、アメリカの高等教育界が提供している、シラバス作成のための支援のしくみは、各学会が提供している分野ごとの教育指導についての情報提供である。たとえばアメリカ社会学会では、〝リソース・マテリアルズ・フォー・ティーチング〟Resource Materials for Teaching〟というシリーズ名で、"Teaching The Sociology of ○○"という小冊子を、社会学の代表的な下位分野ごとにつくって売っている。そこには、その授業を担当しているアメリカの大学教師たちに対するアンケート調査をもとに、どのような文献を用いているか、各回のテーマごとの時間配分はどうか、授業名はどのようにつけられているかといった情報、それに、よく使われる文献のレビューと解説、そして実名入りの実際に使われているシラバスのコピーを掲載している。"Teaching The Sociology of Education"の場合には、多様性を重視して、参考になると思われる一二人の教師のシラバスを載せている。これを見れば、どのように授業を組織するか、どのような文献をどのように用いればよいかについて、ヒントを得られるしくみになっている。

このような小冊子のほかにも、アメリカ社会学会の場合には、社会学教育のための専門の雑誌を刊行している。この雑誌では、さまざまなレベルの社会学教育の方法、教材などの検討をはじめ、教育実践についての報告がなされている。日本の学会以上に、専門教育の実践についての情報を豊富に提供しているといってよいだろう。

学生による授業評価とシラバス

このように見てくると、シラバスはたんなる大学の授業紹介ではないことがわかる。シラバスは、授業内容をあらかじめ学生たちに知らせるだけにとどまらない。シラバスは、その授業が学生たちに、いつ、何を、どのように要求するか、その要求にもとづく学生たちの学習の成果をどのように評価するのかについて、教師と学生との間で、口頭によるのではなく、文書を通じて明示的に確認し合うための文書である。さらにシラバスは、オフィスアワーや文献へのアクセス方法など、教師が学生たちに教育上の便宜を図るための方法について約束した文書でもある。

ところで、アメリカの大学では、学生による授業評価が行われている。授業評価の項目には、表6、7にあげたものがある。[2]

これらの実際に用いられている授業評価の例を見ると、ここにあげられている項目のうち少なからぬ項目が、これまで述べてきたシラバスと関係していることがわかるだろう。たとえば、「授業の目的がはっきりしていたかどうか」「授業で使われた教材は有益だったかどうか」「評価方法は適切で授業の内容に相応しいものだったかどうか」「学生に授業の進度にしたがって適切な情報を与えたかどうか」「教師が与えようとした内容は多すぎたかどうか」「授業の進め方は速すぎなかったかどうか」といった項目である。これらはみな、シラバス作成の際に準備される授業計画のあり方によって、実際の授業場面にあらわれてくる側面である。したがって、どのようなシラバスをつくるか、すなわちどのような授業を計画するかによって、最終回の授業で行われる学生の授業評価がどのようなものになるのかも、ある程度決まってしまうということである。

ところで、近年、日本の大学でも、学生による授業評価を取り入れようという議論が起こりつつある。また、一部にはすでに実施している大学も存在する。しかし、これまでシラバスとの関係で述べたように、学生による授業評価は、それだけを他の実践から切り離して取り入れても、それだけで十分な有効性を発揮できるかどうかは疑わしい。シラバスの作成という十分な授業計画を立てたうえで、教師が学生に何を期待するのかをいわば契約書的に明示する。そのようなシラバスの存在を前提とした場合に、学生による授業評価は、授業改善の具体的方策の提示という点で、効力を発揮すると考えられるのである。

ついでにいえば、シラバスとの関連性だけではなく、アメリカの大学では、さまざまなファカルティ・デベロップメント・プログラムや、教材リソースセンターの設置などの、全般的な授業改善のパッケージのひとつとして、学生による授業評価が行われている。前者には、たとえばハーバード大学の「教授学習センター」やノースウェスタン大学の「教育専門職センター」といった機関が実施している教授法の改善のためのプログラムがある。そして後者には、教師の再訓練のための授業実践のビデオライブラリーや各種の教材、シラバス、教授法に関する文献などを集めた情報センターがある。このような大学教師の再訓練や教授法改善プログラムのパッケージと一体になった場合に、学生による授業評価は授業改善に役立つ情報となりうるのである。

日本の大学にはなぜシラバスがないのか?

最初に告白したように、私は日本の大学の教壇に立つようになってまだ一年未満の新米教師である。さらに、もうひとつ正直にいうと、日本で教えるようになった時に、私はシラバ

意見：

21. この授業／この教師の長所について、具体的な例をあげて書いてください。
22. この授業／この教師の短所について、具体的な例をあげて書いてください。
23. あなたはこの授業／教師がどのように変わったらもっとよくなると思いますか。そのほかの意見についても書いてください。

■表7

講師名＿＿＿＿＿　授業名＿＿＿＿＿　日付＿＿＿＿＿

次のような尺度にしたがって、この授業の教授について評価してください。できるだけ客観的かつ正直に答えてください。
〔強くそう思う場合には1．そう思う場合には2．どちらともいえない場合には3．そう思わない場合には4．まったくそう思わない場合には5．というように評点してください。〕

教授は：

＿＿1. 授業の準備は十分に行った。
＿＿2. 成績に関連する内容・教材について明確に指摘した。
＿＿3. 学生に授業の進度にしたがって適切な情報を与えた。
＿＿4. 日常的にクラスをうまくまとめた。
＿＿5. 教科に関する興味を引き上げるよう刺激を与えた。
＿＿6. 効果的にクラスでの討論を促した。
＿＿7. 抽象的な観念や理論をはっきりとわかるように提示した。
＿＿8. 提供された考えに対し、批判や意見を紹介した。
＿＿9. 学生の学習に理解と関心をもっていた。
＿＿10. それぞれの学生の質問や相談に応じてくれた。
＿＿11. 教えることに熱心だった。
＿＿12. この大学での最良の教授の1人であると思う。

そのほかの点について意見があれば、以下に書いてください。

■表6

講師名＿＿＿＿＿　　授業名＿＿＿＿＿　　日付＿＿＿＿＿

真剣に考えたうえで、以下の質問に答えてください。この結果は「学生による授業評価報告」のデータとして用い、教授の正規の人事評価にも使用します。
以下のそれぞれの項目について「最もそう思う」には5.「最もそう思わない」には1. という尺度にしたがって、答えてください。不明の場合には、回答せず空欄のままにすること。

授業について：

＿＿＿1. この授業の目的ははっきりしていた。
＿＿＿2. この授業についての教師の責任は明確に表明されていた。
＿＿＿3. この授業で使われた教材は有益だった。
＿＿＿4. 評価方法（試験、レポート、プロジェクト、クラス討論など）は適切で、授業の内容全体に相応しいものだった。
＿＿＿5. 教師は公平かつ正確に評価を行った。
＿＿＿6. 全体的に見て、この授業は自分にとって価値があった。

教師について：

＿＿＿7. 教室での教師の授業は刺激的だった。
＿＿＿8. 教師はこの科目について学生と効果的にコミュニケーションを行った。
＿＿＿9. 教師はこの科目について熱心だった。
＿＿＿10. 教師はこの授業の準備を十分にしていた。
＿＿＿11. 教師は学生の参加を促し、学生に十分応答した。
＿＿＿12. 教師は学生に適切に助言を与え、相談にのってくれた。
＿＿＿13. 教師は私のことを1人の個人として関心を示し、尊重してくれた。
＿＿＿14. 私はこの授業をほかの学生に薦めたい。
＿＿＿15. 私はこの教師を優れた教師であると評価する。

（中略）

スつくらなかった。いや、つくれなかったというほうが正解である。

なぜ、日本の大学ではシラバスをつくれなかったのか。もちろん、若葉マークつきの私の教師としての力不足が大きな原因のひとつである。だが、それと並んで、日本の大学とアメリカの大学の違いによるところも無視できない理由である。

第一に、日本の大学には通年制の授業が多い。それが、授業計画の立案を難しくしている。アメリカの大学では長くてもセメスター制の一五週、クォーター制を取っている場合にはだいたい一〇週である。日本のように三〇週以上に及ぶ通年の授業は皆無といってよい。三〇週にも及ぶ授業の計画をあらかじめつくることは容易ではない。また、たとえつくったとしてもそれを計画どおりに運ぶことは簡単ではないだろう。

第二に、通年制とも関係するが、日本ではたいていの授業が週一回のペースで行われる。そのため、学生の側から見れば一学期に履修する科目数が、日本ではアメリカ以上に多くなる。それもまた、アメリカ流のシラバスの作成を難しくしている。なぜなら、一週間に受ける授業の種類が多すぎるために日本の大学では、学生に予習を期待することが難しいからだ。

アメリカの大学では、学生はたいてい一学期に三~四科目を履修する。それに対し、通年制の科目の多い日本では、学生の履修は学期あたり一〇科目にも及ぶ。アメリカでは、五〇分授業なら週に三回、七五分なら二回というように、ひとつのコースで同じ週に複数回の授業が行われる。日本では九〇分を週一回というのがふつうだろう。それだけアメリカのほうが短期集中的な教育を行っていることになる。

一週間に一〇もの異なる授業をとっている学生に、それぞれの教師がアメリカの大学式の予習を期待することができるだろうか。文系の場合にはほとんど無理である。それができないので、学生に予習を期待せず、毎回教師の講義を聞いてノートを取るだけの一方通行の授業が主流となる。そうだとすると、シラバスを作るといっても、せいぜい毎回どんな話をするのか、その要旨をあらかじめ知らせるだけにとどまるだろう。教師が授業で何をするかという情報は提供する。しかし、学生にどのようなことを期待するのか、何を準備してくるかは明示しない。いわば「片務契約」のようなシラバスになってしまう。

第三に、これは大学図書館のシステムの違いとも関係するが、文献へのアクセスを保証することが難しいという点をあげることができる。安いペーパーバックの学術書が少ないこともアクセスを難しくしている。高価な学術書を何冊も学生に買わせるわけにはいかない。コピーの準備も容易ではない。図書館でのリザーブというのも現状では困難である。

このように考えていくと、日本の大学へのシラバスの導入が、学生の授業評価と絡めて、どのような意味をもってくるのか想像できる。

アメリカの大学では、教師が学生の成績評価を行う場合でも、あるいは逆に学生が授業評価を行う場合でも、そこに至るまでには、教師と学生との双方向でのさまざまなコミュニケーションが介在している。学生に予習を求めるのも、授業への参加の一形態である。オフィスアワーの開設も、学生と教師とのコミュニケーションを促進するためのてだてである。その点に着目すれば、シラバスとは、こうした教師と学生との相互のコミュニケーションをどのように進めるかについての指針である。そして、そうした相互のやりとりを前提に、成績評価も、授業評価も行われる。教師は学生に、自分が何を提供するのかをあらかじめ提示する。と同時に、学生が何をすべきかについての期待もはっきりと示す。つまり、相互に何を「交換」するのかを、シラバスというかたちで明示したうえで、その基準にしたがって、成績評価と授業評価とが行われるのである。たとえていえば、これらふたつの評価は、シラバスという「双務契約書」にもとづいて互いにチェックし合うことを意味している。

日本ではどうか。学生の授業への参加をほとんど期待することなしに、どのような主旨の講義をするかを示す「シラバス」。そして、そうした一方通行の授業に対する学生の評価。評価の結果を有効に活かすための再訓練プログラムやリソースセンターといったものが設立されたという話もあまり聞かない。たしかに、そうしたシラバスや授業評価でも、やらないよりはましかもしれない。しかし、このような「片務契約」のシラバスをもとにした学生の授業評価は、皮相な「面白さ」に終始する授業や、成績評価の甘い授業への評価を高めてしまう危険がある。また、たとえ的確な評価であったとしても、それを受けて授業を改善していくてだては、それぞれの教師の手に委ねられるだけで、授業改善を支援するシステムは十分でない場合がほとんどである。

評価という面に限られた「コミュニケーション」に終わるのではなく、授業における相互の参加を経て評価が行われる時に、成績評価であれ授業評価であれ、その評価は教育の改善に資するものになるのではないか。そう考えると、シラバスにどのような内容を盛り込むのかが、あらためて重要になってくる。それも、どのような内容の授業をいつ行うかといった授業案内の側面だけではなく、「事務的連絡文書」「法的契約書」「学術情報文書」「学習指導書的文書」としての役割を合わせ持つものでなければならないということである。

新書版付記

日本の大学のシラバス

この章の執筆から二〇年以上が経ち、シラバスという言葉は日本の大学にすっかり定着した。今ではどこの大学でも、学生にシラバスが配布されている。また、年三〇回の通年制の授業も影を潜め、多くの大学が半期ごとに授業が一五週で完結するセメスター制を導入するようになった。その面ではたしかにアメリカ風の教育実践が日本の大学に浸透したように見える。ただし、基本的に変わらないのは、週一コマを基本に、学生が十数種類の授業を履修する構造であり、いまだに学生たちには予習ほとんど課さない授業が多くを占めることである。その点で見れば、本章が危惧した、講義の内容紹介に終始する日本型シラバスが定着したといえる。授業の構造が変わらなければ、シラバスの中身も変わらない。学生に授業の事前予告をするためだけの文書が現在の日本の大学のシラバスといえるのである。

第4章　高校から大学へ
――高校間格差とトラッキングにみる入学者選抜の違い――

アメリカの高校のカリキュラム

手元に、『エバンストン・タウンシップ・ハイスクール――プログラム・プランニング・ハンドブック』という小冊子がある。シカゴの北の郊外、エバンストン市の公立高校で、生徒に配られているカリキュラムのガイドブックである。生徒数三五七六人（うち黒人の比率は三五％）、教職員数二七四人の大規模なこの四年制の高校は、歩いて一周したらゆうに三〇分はかかると思われる広大なキャンパスをもつ。規模の点でも、人種の構成の点でも、アメリカの典型的な総合制高校だと聞いた。

一〇〇頁にも及ぶこのハンドブックをめくっていると、アメリカの高校のひとつの像が浮かんでくる。生徒たちは、ここに示された二〇〇以上のさまざまな科目の中から、自分の興味や関心、進路や適性に見合った「自分自身のカリキュラム」をつくっていく。もちろん、必修科目も定められてはいるが、それは卒業に必要な単位数の三分の二を占めるにすぎない。残りの三分の一は自分で選ぶ選択科目である。外国語もすべて選択である。しかも、必修科目といっても、たとえば社会科の場合であれば、数あるコースの中から自分のとりたい科目を四単位というように、やはり自分で選ぶことが要請される。

このように「選択」といった考えが重視されるからこそ、カリキュラムの作成にはガイダンス・カウンセラーという専門家の助言が必要になるのである。[1] しかも、どんな科目を履修したかによって、大学の入学資格が制限されてしまう場合が少なくない。ある調査によれば、公立四年制大学の二五%、私立四年制大学の三八%が、高校で履修した教科のパターンを、入学選抜の基準として「最も」ないし「非常に」重視するとしている。[2] とくに、一流といわれる大学の多くは、高校での教科の履修パターンを重要な選抜基準のひとつとしている。

たとえば、エバンストン・タウンシップ・ハイスクールでは、数学の履修は四単位、つまり二年間を通しての学習が、卒業に必要な必修単位である。しかし、それだけでは、同じ市内にある名門私立ノースウェスタン大学の入学資格は得られない。同大学は最低三カ年の数学の履修を入学要件としているからである。最終学年の夏になって、二年間四単位分しか数学を履修していない学生がこの大学に進学したいと思っても、手遅れとなってしまうのである。[3]それだからこそ、科目の選択はいっそう慎重になされなければならない。

自分だったら、どんなカリキュラムを組むだろう。そう思って、このガイドブックをじっくり読んでみた。ところが複雑怪奇。どんな科目をとったら大学進学に有利だとか、ハーバードに行きたいのなら、どんな科目を最低履修しておくべきか、といった情報はどこにもない。日本の高校におなじみの、進学コース、職業コースといった類型化されたコースの区分けも見当たらない。それぞれの科目に、これは大学進学希望者向けとか、これは一般向けとかいったことを示すマークや但し書きでもあるかと探してみたが、それもない。試みに、他の地区の高校でもらった同様のガイドブックを調べてみたが、結果は同じだった。

アメリカの高校には、「トラック」というものがあるという。進学、職業、一般といった三つのトラックがあるというのが日本での通説だ。そして、それが生徒の将来の進路を強く規制しているという。こういう規制が働くしくみを「トラッキング」と呼ぶ。でも、何が進学トラックか、就職トラックか。そんなことはどのガイドブックにも書かれていない。それではいったい、トラックとは、トラッキングとは、何だろうか？

トラッキングと学校階層

日本人研究者による日本の高校の研究には、アメリカのハイスクールの社会学的研究の影響を受けたものが少なくない。中でも、アメリカの高校のトラッキング研究の枠組みを使って、日本の高校を分析しようとする研究が、主要な分野のひとつをなしてきた。アメリカにおけるトラッキング研究は、大学進学、職業、一般という三つのトラックの存在が、生徒の進路を制約していることを明らかにしたが、それを受けた日本の研究は、高校間に大学進学率の違いを見いだし、そこから日本の高校間の学校格差をトラッキングと見なす「学校格差＝トラッキング論」を展開してきたのである。日本の高校の社会学的研究に関する代表的な論文集も、このような視点からトラッキングを主題としている。[4]

しかし、日本における高校間の格差構造、すなわち高校の階層性をトラッキングと見なす場合、アメリカの高校とは異なる日本的特質というものが、十分に自覚されてきただろうか。アメリカの研究の輸入・応用の域にとどまっていなかっただろうか。そうした反省的視点に立って、日本における高校から大学までの選抜のプロセスを見直すためには、まず日本における高校の社会学的研究自体を、比較社会学の立場からおさらいをしてみるのが有効だろう。両者の日本の高校の階層性とアメリカのハイスクールのトラックとの違いから始めよう。

違いは、第一に、それが集団を形成するか、それともカテゴリー（集合）にとどまるかという点にある。日本の高校の階層性は、生活の共同をめざした学校が単位なのだから、当然、集団の編成原理である。生徒同士、同じ学校の仲間としてのアイデンティティをもつのも当然である。それに対し、アメリカのハイスクールのトラックは、前述のとおり、教科選択のパターンに与えられたカテゴリーの名称である。もちろん、同じようなカリキュラムをつくっている生徒同士が、同じようなクラスに集まることをきっかけに、ひとつの仲間集団を形成しやすいということは十分に考えられる。しかし、たとえば職業トラックの生徒全員がひとつの集団を形成し、アイデンティティを共有するかどうかとなると、日本の高校のようにはいかない。

日本ではあまり知られていないことだが、そもそも自分がどこのトラックに所属しているのかを誤認している高校生がアメリカには少なからず存在するのである。[5] トラックとは、もともと教科選択の組み合わせを類型化して呼んだカテゴリーにすぎないのだから、学校が大規模になり、科目の組み合わせが複雑になればなるほど、誤認も発生しやすくなるのである。こうした誤認の発生は、トラックというものの性格を見事に物語っている。それは、トラックとは、帰属感をもたらすような集団ではないということだ。

進路を制約するしくみにも、日本の高校階層とアメリカのトラックとの違いを見ることができる。アメリカの場合、高校でどんな単位を履修したかが、大学進学の機会を実際に制約してしまうことはすでに述べた。高校卒業に必要な単位を全部取得したからといって、それが自動的にすべての大学への進学条件を満たすとは限らないのである。だから、一般トラックの学生は、自分が気づかないうちに希望する大学の受験資格を失っているということもありうる。

ところが、日本の場合、このような意味での制約はどこにもない。たしかに、職業科のカリキュラムは大学進学には不利かもしれない。あるいは、同じ普通科高校でも、学校によっては授業のレベルが大学受験向きでないということもある。しかし、いずれの場合も、入学試験に合格すれば、どの高校を出ていようと、たとえば東大や京大に入ることができる。アメリカの高校の一般トラックの学生が、数学の取得単位数が少ないという理由でハーバードの受験資格を失うといったように、あるタイプの高校を卒業したことがそれだけの理由で東大受験のチャンスを制約するようなことはない。男子が女子大を受験できないという例外を除いて、高校卒業資格さえもっていれば、日本中のどこの大学の入試でも受けることができるのである。すなわち、日本の高校のタイプやランクが、生徒の進路を制約するといっても、アメリカのトラックのような制度的障壁によってではないのである。

このような制度的背景の違いに十分注意を払わないと、高校から大学までの選抜過程における日本的特徴を見落としてしまう。

たとえば、日本の高校の社会学的研究を集めた論文集の解説では、トラッキング概念を拡張し、学校内での成績の違いもまた、それが進路のオプションを制約する場合にはトラッキングと見なすことができるという見解を示している。しかし、このようにとらえた場合、トラッキングという概念はほとんどその内実を失ってしまう危険がある。成績下位の者が下位であり続けるという成績固定化の傾向から、おそらくは「一度、ある下位のトラックに入ったら上位には入れない」という点で「トラック」との類似性を見いだしているのだろう。しかし、ここには、先に見たような制度的な境界といったものはまったく存在しない。さらに、成績の上中下という区分け自体を生徒自身がどうやってつくり出しているのか、そしてそれをどうやって進路と結び付けているのか。そうしたことを問題にするのでなければ、成績が「トラッキング」としてどうやって進路のオプションを制約するのかを十分に分析することはできないだろう。

高校入試の意味――あるいは正当化再考

それでは、日本の高校の学校間格差、すなわち階層性が、生徒の進路を制約するしくみはどこにあるのだろうか。これまでの研究は、高校が生徒の進路についての意識を制約していると指摘する。つまり、在学している高校が進学校かどうか（高校のタイプ・ランク）によって、卒業後に大学に行こうと思うかどうか（進路意識）が決まり、その結果、実際の進路に高校間の格差ができるというのである。[6]

この問題を論じる場合、教育を行う学校としての高校と、そこに入るための高校入試とを区別しておくほうがよいと思われる。というのも、高校のタイプやランクが高校ごとに生徒の進路意識の違いを生み出すしくみは、高校での実際の教育が始まる以前の、高校入試の過程に組み込まれていると考えられるからである。そして、そうした高校入試にこそ、アメリカのトラッキングには見られない、日本的な「選抜社会」の特徴がかなりはっきりしたかたちで現れているのである。

毎年、同年齢集団の九五％にも及ぶ生徒を、学力偏差値という一元化した基準で、階層性をもった高校に振り分けるしくみ、その規模、厳密さ、細密さ、そして、管理の徹底という点で、メリトクラシーの最も大衆社会化した姿を私たちはそこに認めることができる。

ところで、メリトクラシー社会という場合のメリットとは、能力＋努力の謂《いい》であるが、この方程式の努力の項に、より大きな係数をかける日本型のメリトクラシーは、かつてのイギリスのイレブン・プラス試験（初等教育を卒業する11歳時に実施されていた学力試験で、中等教育への選抜が行われていた）などよりも、より徹底した競争の大衆化状況をもたらしている。努力を強いる受験勉強にこれだけ多くの人々を巻き込んだ社会がほかにあるだろうか。しかも、高校入試は、大学入試とそのスタイルにおいてまったく選ぶところがない。どちらの入試でも、測っているのは学業達成度である。高校入試で成績の芳《かんば》しくない者は、どんなにがんばっても、三年後の大学入試までに大逆転を起こせるほどの力が自分にないということを知るだろう。その意味で、高校入試は、大学入試の前哨戦、それも全員参加の一次予選であるといえる。

もちろん、本番の入試は儀礼にすぎず、それ以前に丹念に模擬試験が繰り返され、本番での誤差を極力ゼロに近づけるための調整が、進路指導というかたちで遂行されている。その過程で、生徒はいやというほど自分の「学力」を思い知らされるのである。

選抜のしくみはきわめてわかりやすい。自分が全体の中のどこにいるのかも、偏差値という便利な数字が教えてくれる。高度な可視性を備えたメリトクラティック・マシーン。それは、将来の成功可能性をかなりの精度で予測してくれる精密機械だ。だから、このメリトクラティック・マシーンがはじき出した選抜の結果（どの高校に入ったか）が、生徒にとって高校卒業後の進路を考えるうえでの重要な基準となるのである。

どんな調査を見ても、高校卒業後の進路希望に見られる高校間の差異は、高校に入学した時点ですでにおおかた形成されている。もちろん、それを拡大するメカニズムは入学後にもあるのだが、そこでつくられた差異は、入学時につくられている差異よりもはるかに小さい。日本の高校の階層性が生徒の進路のオプションを規定する主なメカニズムは、入学以前に集約されているのである。

アメリカのトラッキングは、競争の後で敗者を納得させるしくみを前提にしている。たとえば、有資格者にはだれにでも入学を許すオープン・アドミッション制を取るコミュニティ・カレッジの二年間が、そういった目的のために利用される。数学を二年しか履修しなかった学生は、いったんはノースウェスタン大学への進学をあきらめて、近くのコミュニティ・カレッジに通う。そこでいい成績をとれば、N大に転入できるかもしれない。そういう「夢」を与えておいて、ひとまずはあきらめさせるのだ。しかし、現実はそう甘くない。高校でアカデミックな科目をあまりとらなかった学生が、コミュニティ・カレッジでそんなに簡単にはいい成績はとれない、学生は徐々にそういう現実を知るようになる。このように、高校卒業後にじっくり時間をかけて、彼らの能力ではN大は無理だということを知らせ、だんだんと彼らの野心を冷やしていくのである。このような「あとの祭り」型の敗北者の処遇のしくみを社会学者はクーリングアウトと呼ぶ。

クーリングアウトをうまく行うためには、トラッキングのしくみにおいて、敗者に敗者たることを気づかせないでおくことが肝要となる。勝敗は決しているのに、「まだまだ勝負はこれからだ」と思う状態を許しておく。気がつくまではその気になっているのだから、組織（学校）への服従も獲得できる。そして、「あとの祭り」となったところで、高校は、クーリングアウトをもっぱらとする機関に下駄を預けてしまえばいいのである。

このようなトラッキングがもたらすひとつの帰結は、生徒たちに実現のあやふやな「夢」を与え続けるということだ。自分の能力についての甘い期待を許すしくみ。自分の将来についての甘い夢を見続けさせてくれるのが、アメリカの高校のトラッキングなのである。実際に、比較可能なある調査データによれば、大学に進学しなかったアメリカの高卒者のうち、能力的には大学教育を修了できると思っていたものが五二％もいる。これに対し、大学に進学しなかった日本の高校生のうち、大学に入れる能力があると思っていたものは一九％にとどまる。これらの調査結果は、能力にもとづくクーリングアウトがアメリカの高校ではあまり進行していないことを示している。[7]

もちろん、夢見心地のうちにも現実は着実に進行していく。進路を制約する障壁は、本人が気づかないうちにいつのまにか既成事実として構築されているのである。このような選抜は、全員の野心を加熱させておいて、勝負がついた後で敗者の野心を徐々に冷やすというやり方である。アメリカの研究の中で、トラッキングがクーリングアウトと結び付いて議論される背景には、こうした事情があったのである。

日本の研究も、高校の階層性が生徒の野心をクーリングアウトしていると指摘する。[8] しかし、クーリングアウトの原義に先に述べたような「詐称性」の含みをかぎとり、失敗者に敗北をなだめすかす過程を示す概念としてその語をとらえるならば、日本のように高い可視性と普遍性をもった選抜システムのもとでは、原義どおりのクーリングアウトは難しい。詐称を可能にするには、選抜の多様性、曖昧さといったものが少なくとも用意されていなければならないからだ。それとはまったく反対に、日本の高校は、入試において明確な選抜を行うことによって、大学受験という同型の競争が本格化する前に、予定される敗者に自分で〝降りてもらう〟「事前の自己選抜」を強制するしくみを前提としているのである。

このような違いは、社会的選抜の結果がいかに正当化されるかという問題に、日本とアメリカとでは異なる解答を用意していることを示している。すでに見たように、アメリカにおけるトラッキング＝クーリングアウトの議論では、選抜結果の正当化は、敗者をどのようにあきらめさせ、従属させるかという心理学的なメカニズムの問題である。これに対し、日本における正当化問題は、心理学的なメカニズムとして扱うよりも、ちょうど貨幣の「通用」＝「妥当」という状態が有する正当性のような、「構造の問題」として把握するほうがいい。

アメリカの社会学者であるコリンズやフランスの社会学者のブルデューは、「文化的市場の統一性」という面からこのことを論じている。彼らは、ある媒体の文化的市場の統一性が高ければ高いほど、その媒体の正当性は、通用＝妥当の構造によって保証されるという。「正当化」という心理学的メカニズムをひとたび離れて、選抜の正当性を保証する構造が成立しているという。[9]

ほとんどすべての生徒を巻き込んで行われる日本の高校入試は、学業達成度という選抜基準（ひとつの文化的交換の媒体）の通用＝妥当性を極限にまで高めている。そこでは、だれもが、選抜の結果をまずは受け入れなければならない。選抜の正当化という心理学的問題は、あまり表面に現れない。言い換えれば、野心の冷却は必要ないのである。実現性の乏しい野心は、熱くならないうちに、達成可能なレベルに修正される。選抜の基準が通用＝妥当という意味で正当性を獲得した時点で、選抜の結果にはすでに正当性が与えられているのである。

学校としての高校

それでは、日本の高校は何をしているのか。高校は学校であるという単純明白な事実が、この問いにひとつの解答を与える。アメリカの高校のトラックは、カテゴリーではあっても、それ自体では集団をなさない。それに対して、学業達成度に応じてそれぞれの高校に振り分けられた日本の高校生は、そこで「学校」という共同体に包摂されるのである。

学校格差の構造とも呼ばれるように、日本の高校の階層性はそれぞれの学校がハイアラーキカルに格付けられたものである。学校を単位としたこのような階層性は、「格」をめぐる学校間の競争と、それぞれの「格」に応じた学校内部の競争との巧みな組み合わせを可能にする。ハイアラーキカルに格付けられた学校が内部においても外部においても繰り広げる競争。明確な選抜基準を用いた選抜システムのもとでは、敗者のやる気を損なわないようなしくみが必要とされるのだが、日本では、このような高校間、高校内の二重の競争がその任を担っているのである。

それぞれの高校は、学校階層内での格に応じて、異なる生徒集団を抱えている。その結果、学校ごとに見れば、かなり同質的な生徒集団がつくられることになる。そして、生徒集団の違いに対応するかたちで、教師は、それぞれの学校に見合った教育活動を組織する。それぞれの学校の格に応じた目標の設定。それは、それぞれの高校ごとに、生徒に到達可能な上限の目標を与えることを意味する。たとえば、ある高校では、毎年、国立大学に一〇〇人の合格者を出すことを目標としている。同じ学区に属する別の高校では、八〇人の合格者が目標だ。もうひとつの普通科高校は目標を五〇人にとらえる。そして、職業科では、少しでもいい就職を目標にする。このように、それぞれの「格」に応じて、達成可能な上限ともいえる目標を生徒集団に与えるのである。

到達可能な上限の目標とは、学校という閉じた集団内部での、競争の到達点を示している。どの高校でも、たとえば「東大合格」が達成すべきゴールなのではない。就職者が大半を占める高校でのゴールは、地方銀行の事務職への就職なのかもしれない。それぞれの格に応じた達成可能な範囲の中で、少しでも上をめざす競争が始まるのだ。

大学進学の場合のみならず、日本の高校においては、事務職や大企業の技能職といった人気のある就職先をめぐる競争も、生徒の学業成績によって決まる。メリトクラティックな競争が、それぞれの学校の内部でかたちを変えて展開するのである。日本の高校階層が、学校という閉じた集団を単位としていることの重要性は、閉じた集団内部でのメリトクラティックな競争を隅々にまで押し広げることを可能にしている点にある。

しかも、この外側では、格をめぐる高校間の競争が繰り広げられている。それも、すべての高校が団子状態で競い合っているわけではなく、トップ集団の競争、中間グループの競争というように近いもの同士が少しでも高い格をめざして競争を展開している。集団内部の競争と集団間の競争。格付けられた学校という集団が織り成す競争システムの妙はここにある。

高校から大学への選抜と日本社会

教育以外の領域においても、日本社会の中に、このような格をめぐる競争と格に応じた競争との両立を見いだすことができる。たとえば、日本企業の活力の源泉として、経済学者の中谷巌氏は「格」をめぐる熾烈《しれつ》な競争という特徴をあげている。

戦後日本においては、企業社会におけるサラリーマンの「格」は第一に、どのランクの会社に勤めているかということ、第二に、会社のなかのヒエラルキーのどの段階に位置するかということ、によって決まるといえる。企業社会では、人びとはこの「格」を求めてはげしい競争をくりひろげているのが現実だ。そして、このはげしい競争こそが、日本社会の活力の源泉なのである。[11]

ここで中谷氏がいう、「格」をめぐる二重の競争は、企業が学校のように共同体として「閉じている」ことによって有効性を発揮するものである。アメリカのように、企業間での人の移動が激しい社会では、ふたつの競争はうまくかみ合わないだろう。自分の会社の格をあげることが、その会社の中での自分の格を高めることにつながる「閉じた」システムの中だからこそ、ふたつの競争のドライブが強力に働くのである。

学校と企業との「対応」は興味深い。しかし、この対応はまったくの偶然ではない。いずれも、日本的選抜のプロトタイプの異なる領域における表現型であると考えられるからである。そして、そのプロトタイプは、近代日本の立身出世主義のイデオロギーの発展史の中に見いだすことができる。

教育学者の竹内洋氏は、日本における立身出世のイデオロギーを発掘する作業の中で、「分相応の立身出世」という形態を見いだした。[12]竹内氏によれば、近代以前の身分制にもとづく「分限意識」を引きずるかたちで発展をとげた日本の立身出世のイデオロギーは、分を知ること（分限）と分を越えること（立身出世）との矛盾を抱えていた。この矛盾を解決したのが、分相応の立身出世というイデオロギーである。竹内氏がそれを〈ささやか立身出世主義〉と呼ぶように、これは「分」の中で少しでも上をめざす競争を引き起こす。この〈ささやか立身出世主義〉が、分限意識に支配された社会の固定化ではなく、競争にもとづく社会の活性化を生んだのは、「少しでも上位にあるものは下位者に対し『相対的絶対者』になる」という日本的な階層構造（竹内氏はこれを〈身分的上下構造〉と呼ぶ）があったからである。[13]

私たちが問題としてきた、高校の格付けられた二重の競争は、〈ささやか立身出世主義〉の現代版といえる。違いは、戦前の〈ささやか立身出世主義〉が、社会身分から生まれた「分限意識」を基盤に「分相応」の競争を生み出したのに対し、戦後の〈ささやか立身出世主義〉は身分制の桎梏《しっこく》から解き放たれ、メリトクラティックに定義づけられた「格」を基盤に完成度の高い競争状態をつくり出したという点である。この違いは、メリトクラシーの大衆化状況を生み出すうえで、ドラスティックな変化であった。

大衆化したメリトクラティック・マシーンは、メリット（＝能力＋努力）を基準に「少しでも上位にあるものは下位者に対し『相対的絶対者』になる」という社会基盤をつくり上げた。戦後の日本の高校の発展史が、この基盤の完成に果たした役割は大きいといわなければならない。

新書版付記

学力選抜競争が薄れる時代

二〇一〇年代に入り、四年制だけでも大学進学率が五〇%を越えるようになった。しかも、多くの大学は、厳しい入試選抜を実施するのが困難になるほどの「定員未充足」の状態にある。推薦入学の枠も拡大した。いまだに日本の高校にも大学にも歴然としたランクの違いが残ってはいるが、多くの高校や大学にとって、この文章が書かれたころのような厳然とした学力選抜の陰が薄くなったことはたしかである。

それとともに、とりあえず大学に進学してその後の進路を考えるという意味での、進路選択の「クーリングアウト」が日本の大学で繰り広げられている。大学を出たからといって、かつての大卒者が就いたような就職先を確保できるわけでもない。大学での四年間を通じて、徐々に自分の就けそうな進路を探していく。そういう自分自身を「なだめる」時間が日本の教育にも登場したのかもしれない。二段階の入学者選抜の制度と学校間格差の構造を残しつつ、それがこの章で述べたような二重の競争として機能しなくなったところに、今の日本の教育が抱える問題の一端がある。

第5章　アメリカの大学からみた日本の大学教育

本書ではこれまで、アメリカの大学におけるいくつかの教育実践についてレポートし、それをふまえながら、日本の大学の、とりわけ「教育」の側面を検討してきた。TA制度、シラバスの作成とその役割、サマースクール、授業評価、これらのいずれもが、アメリカの大学で発達し、普及をとげた教育の実践である。

近年、そのいくつかは、日本の大学でも取り入れられようとしている。たしかに、私たちはこのようなアメリカの大学の教育実践から多くを学ぶことができる。しかし、アメリカの大学で有効性を発揮している実践を、そのままのかたちで日本の大学に導入する場合には、気をつけなければならない点がある。

ひとつの教育実践は、それを包み込む歴史的、社会的コンテクストの中で、その実践に特有の意味と役割とを与えられている。その実践が別のコンテクストに移し替えられた時に、どのような意味が与えられ、いかなる役割が期待されるのか。こうした問題を検討するためには、当該の実践を生み出したもともとのコンテクストと、それが移し替えられる新しいコンテクストとの違いを明らかにしておく必要がある。この章では、(1)大学における学力問題、(2)コミュニケーション・スタイルの違いと大学の授業、というふたつの面から、アメリカの大学と日本の大学との教育上のコンテクストの違いについて検討しよう。そうした中で、TA制度、シラバス、授業評価といった教育実践が、日本の大学に導入された場合の問題点と課題について考察を試みたい。

ところで、戦後日本の大学は、アメリカの大学をモデルに成立したといわれている。一般教育や単位制度の導入、大学院制度の改編などは、いずれもアメリカの大学で行われていた制度を、戦後の教育改革を通じて日本にもち込んだものである。ところで、一九九〇年代以後日本で進行した、大学設置基準の大綱化を受けての大学制度の見直しと、そのもとでの各大学の改革の方向は、このようなアメリカ・モデルに一部変更を加えたもののように見える。文部省の「しばり」によってこれまで維持されてきたアメリカ型のカリキュラムと教育組織が、しばりをゆるめた途端に、もとのモデルとは別のところへ向かって動き出したのである。そうした印象は、教養部の解体と軌を一にする「一般教育の見直し」に典型的にあらわれている。一部の大学で実施された専門学部の大学院重点化への移行にも、アメリカ・モデルから距離を置こうとする傾向を見てとれるだろう。

しかし、大きな枠組みとしてのアメリカ・モデルからの脱却を図る一方で、ＴＡ制度の導入や、学生による授業評価の取り入れ、あるいは、教師にシラバスの作成を義務づける大学の出現など、よりミクロなレベルでは、アメリカの大学の教育実践をモデルに、それを日本の大学に取り込もうとする動きが、すでに始まっている。大きなモデルからの離別と小さなモデルの導入——現在日本の大学で起こりつつあるこうした改革の動きは、アメリカの大学の歴史的・社会的コンテクストに照らしてみると、ちぐはぐな対応のようにも見える。

大学制度全体をどうするかといった議論に比べれば、ミクロなモデルの導入に関しては、それほど多くの人々の関心を引かない。しかし、ひとつひとつの教育実践が、実際には大きな制度を動かしている。大きな制度の運動を支える小さな部品として、どのような歯車が組み込まれるかによって、全体としての制度の働きも変わってくる。このように見れば、全体のコンテクストとの関連において小さな歯車の意味と役割を検討しておくことにはそれなりの意味がある。

1　大学における学力問題——アメリカと日本との違い

アメリカの大学は教育熱心だ、という通説がある。たしかに、この本の中で、アメリカの大学が日本以上に教育に関心を向けている側面を強調した。しかし、なぜアメリカの大学がそれほど教育熱心なのかということについては、あまりよく知られていない。

ひとつの説明は、アメリカの大学の歴史的起源に求められる。天野郁夫氏が述べているように、ハーバードに代表されるアメリカの初期の大学は、イギリスの大学をモデルに設立された。オックスフォードやケンブリッジのような中世からのイギリスの大学は、周知のとおり、伝統的に、人間形成を教育の中心的な目標とする寄宿制の「カレッジ」の集合体であった。それを新大陸に移植してできたのが、アメリカの古くからある大学群である。そうした「カレッジ」の伝統を引き継いでいるから、アメリカの大学は教育に熱心である。そういった説明がひとつにはある。[1]

しかし、こうした歴史的起源や伝統だけでは、三〇〇〇を超えるアメリカの大学の教育熱心さをすべて説明できるわけではない。もちろん、次章でも見るように二〇〇〇年代に入ったアメリカのすべての大学が教育熱心であるとはいいきれないが、それにしても、歴史的起源や伝統のほかに、アメリカの大学には、学生の教育に関心を向けなければならない、より現代的な事情があることもたしかである。ここではそれを学力の問題から見ておこう。

高校と大学

大学は、教育機関の一段階として、より大きな教育制度の中に位置づいている。大学の学部教育は、高校教育の後に、そして大学院教育の前に位置する。この点で、制度の表面だけを見れば、日本とアメリカとの間に大きな違いはない。

しかし、入学者選抜のしくみや、大学の格差構造、それに高校修了までに学生たちが身につける学力の内容とレベルといった面を比べてみると、日本の大学とアメリカの大学との間には、無視できない違いがある。第一に、大学入学までのしくみが、日本とアメリカとではまったく異なっている。学力試験を重視する日本と、学力以外の面（適性や課外活動など）を考慮に入れた多元的な選抜基準をもつアメリカ、といった具合である。第二に、大学間の格差の構造においても、日本とアメリカとの間には違いがある。受験者の学力という一元的な基準によって先端の鋭いピラミッド構造をもつ日本と、多元的な評価基準によってゆるやかな多峰型の構造をもつアメリカという違いである。

このような違いは、個々の大学ごとに見た場合、大学内での学生の学力水準とその散らばり(分散)に、日本とアメリカとの間で大きな違いを生み出している。たしかに、どちらの国も、高卒者の半数以上の若者たちを高等教育機関に収容している。しかし、入学までに学生たちが身につける学力のレベルは、(一九九〇年代初頭の時点では)平均的に見れば日本のほうが高く、大学ごとに見た学力の散らばりは、日本のほうが小さかった。このような学生たちの学力面の違いは、日本とアメリカの大学との間に、異なる「教育問題」のコンテクストを用意することになる。

はじめにアメリカの場合を見よう。

カーネギー財団が行ったアメリカの大学教授たちに対するある調査によれば、「自分の大学は学生たちに本来なら高校で習得すべきだった事柄を教育するために、あまりに多くの時間と費用を使っている」という意見に賛成した者は、六六%に及んでいる。この比率は、レベルが高いと思われる「研究型大学」でも五九%を占め、総合型大学では七〇%に達している。[2] さらに、カーネギー財団の報告書が引用しているUCLA(カリフォルニア大学ロサンゼルス校)のアスチン教授の言によれば、「われわれは卒業してくる高校最上級生のうちの成績が上位一五％しか受け入れないが、新入生のうちの半数は単位にならない科目である治療用（リメディアル）の数学と英語科目に配属される。学力不足の学生の教育にたずさわらなければならないという現実には確実に全員が直面している」[3]という。UCLAのようなエリート州立大学でさえ、アメリカ全体の高校生の学力水準の低下に悩まされているのである。

また、別の調査によれば、二五〇の高等教育機関のうち、八四％が基礎学習技能の補習教育科目を開講しており、新入生の約一五％が少なくとも英語か数学のそうしたクラスのひとつに出席している。[4]このように、少なからぬアメリカの大学が、大学段階で、高校以下の教育の補習をしなければならないという局面に立たされている。

高校以下の教育がアメリカではあまりうまくいっていない。そうしたことは日本でもたびたび報告される。しかし、それがアメリカの大学教育にどのような影響を及ぼしているかについては、アメリカの大学の優秀さが披瀝されることに比べて、私たちの知るところとはあまりなっていなかったようだ。

平均的な学力が低いだけではなく、アメリカの場合、日本のように大学間の格差が明瞭ではない。日本であれば、学生の学力の問題は、予備校が行う精緻なまでの入学者の予備選抜の過程でハムスライスされ、その結果、ひとつの大学内には比較的学力の散らばりの小さな集団が成立していた。それに対しアメリカでは、一部の超エリート大学を別にすれば、学生の学力の分散は日本以上に大きい。日本の大学と違い、ひとつの大学に多様な学生たちが存在するのである。したがって、学力の多様な学生たちに対応するためのさまざまな教育上の工夫がどうしても必要となる。アメリカの大学が「教育」に熱心にならざるをえない背景には、このような学力問題がある。そして、それを際立たせているのが、比較的格差の小さいアメリカの高等教育の構造である。

このように多様な学力の学生たちを教育するためには、日本の大学以上に、小規模のクラスをたくさん用意し、専任のスタッフ以外の手助け（TA）を導入することが必要となる。さらに、学生たちの学習をスムーズにし、授業への準備を滞りなくさせておくために、授業の体系性と進度、学習の具体的内容をあらかじめ知らせるシラバスが必要となる。学生から授業についての評価を聞くのも、学力の多様な学生たちのさまざまなニーズに見合う教育を提供するための情報収集という意味合いがある。本書でこれまで見てきたアメリカの教育実践のいくつかは、こうした学生たちの学力状況への大学側の対応の現れという面をもっと考えられるのである。

一方、皮肉な見方をすれば、日本の大学は、大学での教育それ自体によってではなく、大学受験という選抜のしくみと、巷間《こうかん》では評判の悪い大学間の格差構造によって、学生たちの学力問題をいくぶんなりとも回避してきたと見ることができる。そのような「受験基礎学力」に日本の大学教育が支えられてきたという面は、アメリカとの比較でいえば無視できない日本の特徴である。たとえ一般教育についての理念がそれほど明確でなくても、そのうえに専門教育を施せるのは、実は高校修了までに学生たちが身につけていた基礎学力のおかげだったのかもしれない。学生の英語力は、入学時点が最も高く、大学の四年間で次第に低下していくという。そういう皮肉が真実味を帯びて聞こえるのも、日本の大学での教育が受験までに高められた学生たちの学力に支えられて成立していることを物語る。

鋭利なまでの大学の格差構造も、ひとつの大学内に比較的均質な学力集団を生み出すことで、大学の学力問題を目立たなくさせてきた要因のひとつだろう。多様な学力集団を抱えるアメリカの場合に比べれば、均質な学力集団を相手にする授業は、それほどの工夫を必要としないですむのだろう。さらにまた、格差構造の存在は、大学のランクごとに教育問題の内容を変えることで、日本の大学全体としての「教育」問題の所在を見えにくくしているということもできるだろう。

もちろん、そこに問題がないわけではない。しかし問題の質は、日本とアメリカとでは明らかに異なっている。日本における学力問題は、アメリカのように懇切丁寧な補習教育や、多様な学力の学生に対応したわかりやすい授業の実施ということにあるのではない。すでに受験までの過程である程度の基礎学力をもった学生たちの存在を前提（二〇一二年の時点ではこの前提はずい分あやしくなった）にすれば、むしろ日本では、入学者選抜のしくみの中でつくられた「受験学力」を、どのようにして大学教育に相応しい学力に変換していくのかに問題がある。高校までの基礎的で受動的な学力をもとに、そこに専門的な知識を積み上げていくだけで大学の教育の課題が果たされてきたとはいえない。そのような「偏差値学力」を、応用力のきく、洞察力と、思考力、批判力を備えた学力に変えていくことが、日本の大学の教育課題であると私たちは考える。とすれば、TA制度も、シラバスの導入も、授業評価も、そのような課題に向けて準備されなければならないだろう。日本の大学がどのような学力問題に直面しているかといった課題を前提にして、これらの諸実践の導入を検討していく必要があると考えるのである。

さらに、入学試験によって形成された日本の大学の格差構造を前提にすれば、日本では教育問題の現れ方は、大学のランクによってまったく異なってくる。当然ながら、問題への対処のしかたも、大学ごとに違ってくる。ある大学でうまくいったアメリカの教育の実践が、どこの大学でも同じようにうまく導入できるわけではない。ここにもアメリカの大学とは異なるコンテクストが存在する。

大学卒業後の進路との関係

アメリカの大学生たちの低学力問題の反対の局面にあるのが、「アメリカの学生はよく勉強する」というイメージである。アメリカの大学が教育に熱心なことのもうひとつの理由は、このような勉学熱心な学生たちに大学が対応しなければならないということにある。

カーネギー財団の調査によれば、「よい成績をとることにたいする非常に強い圧力がある」という意見に賛成したアメリカの大学生は、六四％に及んでいる。ところが、なぜアメリカの学生たちがそれほどまでによく勉強するのかについては、私たちはあまりよく知らない。

よい成績をとることへのプレッシャーが大きい理由は、ひとつにはアメリカの大学が、ある基準以下の成績になった学生を退学させるという規則による。しかも、日本の大学とは異なり、教師が温情主義によって甘い成績をつけることは少ない。成績は厳密に、公正につけられる。したがって、ともかくも勉強しないことには、大学生として生き残っていけないし

くみになっているのである。

もうひとつ、アメリカの大学生たちを勉学に向かわせている要因は、大学院への進学や企業への就職にある。アメリカでは、専門的な職業教育は主に大学院レベルで行われている。そして、進学する学生も日本に比べればはるかに多い。エリート大学では、学生の半数以上が大学院に進学する。そして、大学院への進学には、学部時代の成績が重要な選抜基準となる。したがって、学部教育でよい点数をとっておくことは、少しでもよい大学院に進むための重要な条件と考えられているのである。

大学院への進学のみならず、就職においても、アメリカの学生は日本の大学生以上に成績を気にしている。雇用主が大学の成績を採用基準に用いていると考える学生は日本よりもアメリカに多い[5]。アメリカの雇用主が大学時代の成績を実際にどの程度重視しているかは別として、学生たちの間では、よい成績をあげることがよい就職につながるという意識が広く存在している。日本の大学生の場合には、企業が実際に学生の学業成績をほとんど重視しないことを反映して、就職のためによい成績をあげようと思う者は少ない[6]。このように見ると、アメリカの大学生のほうが、功利主義的な動機から勉学に向かっているということも、あながち否定できない。

アメリカの大学生たちが、本当に勉強がしたくて勉強しているのかは、疑ってみる必要がある。もちろん、このような外側からの動機づけによるのではあれ、勉学意欲をもった学生たちが日本以上にアメリカの大学に存在していることはたしかであろう。けれども、このような「熱意」を背景に、学生たちが大学教育に何を期待しているか、そして、それに対する大学側の対応として、どのような教育実践が準備されるのか。アメリカの大学の教育実践に意味を与えているコンテクストとして、このような側面に目を向けておく必要がある。

アメリカの学生たちは、「純粋な」「本来的な」「学問的」関心から、日本の学生以上によく勉強する。そしてそれを支援するために、「教育」に高い価値を置くアメリカの大学は、さまざまな教育実践を開発している。このような見方は一見正しそうに見えるが、一面的でもある。TA制度にしてもシラバスにしても、少しでもよい成績をとって、よい進路を得ようとする学生たちの功利的な教育要求に応えようとする側面をもつ。あるいは、よい成績をとることをめざす学生のプレッシャーを、教師たちがなんとかかわすためのてだてとして、これらの教育実践が機能しているという面も否定できない。

他方、よい成績をとることにプレッシャーがかかるアメリカとは異なり、日本の大学教育は、外部からの圧力をほとんど受けていない。高校以下の教育は、大学受験の影響のために

「本来の教育」ができないという。それとは対照的に、大学には、自由に教育を展開するための条件がそろっている。とりわけ、大学設置基準が大綱化された現状では、大学でのカリキュラムを制約する条件は、以前に比べてもはるかに小さくなった。教科書検定があるわけでもない。大学院受験や就職のための点とり教育という学生からの要請も少ない。高校や中学に比べれば、教育に費やせる時間も十分にある。高校以下の教育に比べれば、大学での教育は、外部からの圧力や制約をほとんど受けずに展開できるのである。

このように見ると、日本における大学教育は、通常考えられている以上に積極的な意味と可能性をもっていることがわかる。大学における四年間の教育によって、受験勉強とは異なる学習をどれだけ学生たちに与えることができるか。企業に入ってからの、仕事のために特定化された学習や訓練とは違う、ゆっくりと、幅広く、深く、ものごとを追究する学習の機会をどのように学生たちに与えられるか。外部からの強制によらない「学習」を可能にする条件が大学には備わっているのである。TA制度もシラバスも授業評価も、そうした大学教育の可能性を広げる方向で「日本化」される必要があるだろう。

2　コミュニケーション・スタイルの違いと大学の授業

大学における教育は、コミュニケーションによって成り立っている。それゆえ、大学教育におけるコミュニケーションも、それぞれの文化がもつコミュニケーションの型から、完全には逃れることができない。次に、コミュニケーション・スタイルという観点から、日本とアメリカの大学教育のコンテクストの違いについて検討してみたい。

ところで、コミュニケーション研究者として著名な中野収氏は、日本型コミュニケーションの特質を、ダイアローグ的ではなく、モノローグ的、あるいはモノローグの連鎖であると指摘している。[7] その典型は、村の「寄り合い」の衆議に見られる。そこでは、意見を互いに主張し合うのではなく、それぞれが関連のありそうなことをもち出して話し合う（「言よせる」）うちに、収斂《しゅうれん》点が見えてくる。理屈や論理ずくめで相手を説得しようとするのではなく、メッセージも特定の相手に向けて発信されるのではない。独り言（モノローグ）のようにして発せられたメッセージが、積み重なるようにして、ひとつの結論に導かれていく。メッセージははげしくぶつかり合わない、というのが日本的なモノローグ型のコミュニケーション・スタイルだというのである。

このように日本型コミュニケーションの原型を措定《そてい》すると、日本の大学における教育のあり方にも、日本的なコミュニケーション・スタイルが浸透していることがわかる。学生たちからの質問や質疑応答をほとんど含まない講義形式の授業は、まさしくモノローグ的なコミュニケーションの典型といってよいだろう。

文科系の場合、演習形式の授業でも、発表者が発表する時間がほとんどを占め、議論にさかれる時間はそれほど多くない。たとえ議論に時間が割かれる場合でも、メッセージがぶつかり合うような字義どおりの「討論」にまで発展するケースはそれほど多くない。ゼミの討論といっても、だれかが何かをいい、そのことに関連づけて、次の人がコメントをするといったように、「言よせる」「モノローグの連鎖」のような議論が大勢を占めている。講義でも演習でも、日本の大学における教育場面のコミュニケーションには、モノローグ的な日本型のコミュニケーションの原型が反映していると見ることができるのである。

それに対し、アメリカの大学の授業は、ダイアローグ的なコミュニケーションを中心に展開する。セミナー形式の授業ばかりでなく、講義形式の授業においても、質問と応答が、少なからず行われる。学生の授業への積極的な参加の程度は、日本より大きい。成績評価にもそうした参加の度合をひとつの基準として含める場合が少なくない。学生同士ばかりではなく、教師と学生とが自分の考えや意見を主張し合って激しい議論が繰り広げられることも珍しくない。たしかに、教授から学生へという一方向的で退屈な講義がアメリカの大学でもないわけではないが、日本と比べれば、アメリカの大学のほうが、双方向的で、メッセージがぶつかり合うダイアローグ的コミュニケーションをはるかに多く含んでいる。

このような授業におけるコミュニケーション・スタイルの違いは、たんに教師の指導方針の違いによるのではなく、ふたつの社会のコミュニケーション・スタイルの原型の違いに由来しているといえるのではないだろうか。とすれば、モノローグ型のコミュニケーションを基調とする日本において、大学教育の場だけをアメリカ型に変えようとしても、それはなかなか難しい。

このようなコミュニケーション・スタイルの違いに注目すると、ＴＡの役割にしても、シラバスの内容やそれが担う機能にしても、あるいは学生による授業評価にしても、アメリカでは、ダイアローグ的なコミュニケーションを前提に、これらの実践が生まれてきたといえるだろう。そうだとすれば、これらの実践を、異なるコミュニケーション・スタイルが依然として支配的な日本の大学に導入する場合に、それぞれの意味と役割がどのように変わるのかを考えておくことが重要となる。

大学院生であるTAに、アメリカの大学のような討論クラスをまかせられるのだろうか。あるいは、TAが学生からの質問を受け付けるためにオフィスアワーを開いたとしても、そこに来る学生はどれだけになるのだろうか。モノローグ的コミュニケーションの場である、一方向的な講義形式の授業の「助手」として働くとは、どういうことになるか。TAの導入によって、学生からのフィードバックというダイアローグ的なコミュニケーションを促進することがどれだけ可能だろうか。

また、シラバスの場合でいえば、学生の授業への参加や関与を前提とせずに、教える内容だけをあらかじめ伝えることに、どれだけ意味があるのだろうか。学生の授業への積極的参加を促すために予習の数々をあらかじめ提示しておくことも、参加自体が遠慮がちに行われる日本的なコミュニケーション・スタイルのもとでは、あまり意味をもたないのかもしれない。

さらに、学生による授業評価の場合でも、教授者と学習者との相互的なやりとりを欠如させたままで、互いに評価だけをし合うことに、どれだけ授業を改善させる役割が果たせるのだろうか。アメリカの大学の場合であれば、授業評価の項目として、「教師は学生に質問をしやすいようにつとめているか」とか、「学生に批判的思考を発展させるようにつとめたか」とか、あるいは「学生の参加を促し、学生に十分応答したか」といった項目が必ずといってといいほど含まれている。日本で学生による授業評価を行う場合には、この種の項目は含めないのか、含めても重視しないのか。あるいは、こうした明示的で外在的な評価のしかたそれ自体が、そもそもダイアローグ的なコミュニケーション・スタイルを前提にしているのではないか。モノローグ的なコミュニケーションの文脈では、もっと目立たない、非公式の場での相互の「評判」のようなものが、人間関係の齟齬《そご》を回避しつつ、改良を促す有効な情報ソースとなるのかもしれない。

モノローグ的なコミュニケーション・スタイルが、変わらずに永久に維持されるとは思わない。学生とのダイアローグ的コミュニケーションをなんとか成立させようと努力している大学教師も少なくないに違いない。それでも、アメリカの大学の教育実践が、自分の考えや意見をはっきり述べることに価値を置く、アメリカ流のコミュニケーション環境の中で生まれたことに注目しておくことは重要であろう。なぜなら、このような教育実践を日本にもち込もうとする場合に、これまで日本に根づいてきたコミュニケーションの型との調整をどこかでつける必要が出てくるからである。大学制度や教育制度の根底にあり、実際の教授—学習過程を規定しているコミュニケーションの型という地点に下り立って、教育実践の有効性を検討することが重要な課題となるのである。

新しいコンテクストの創造に向けて

ひとつひとつの教育実践が、どのように社会的コンテクストと結び付いているのか。この章ではここまで、このような関心から日本とアメリカを比較してきた。たしかに、アメリカで生まれた教育実践を日本に導入しようとする場合、アメリカ的な文脈と日本的な文脈の違いを検討しておくことは重要である。

しかし、同時に、新しい部分を組み入れることによって、全体のコンテクスト自体が変わっていくという面もまた軽視してはならない。TA制度にしても、シラバスにしても、あるいは学生による授業評価にしても、それまで日本の大学にほとんど存在しなかった実践を、新たに制度に組み込むことによって、日本の大学教育は大きく展開していく可能性をもっている。それがどのような方向に進んでいくのかを見定めるためには、さらに慎重な分析と議論が必要である。と同時に、新たな教育実践の導入それ自体が、大学における「教育」への関心を高める効果をもつこと、そして、試行錯誤的ではあれ、新たな試みの実施を通じて、実施以前には気づかなかった「教育」の問題点が発掘される可能性があることも、忘れてはならない。

これまでマスコミなどで大学が取り上げられる場合、受験や大学間格差の弊害というイシューが頻繁に、問題にされてきた。時には、設備の老朽化やユニークな大学の新設といったトピックが、もの珍しげに話題にされることもあった。しかしながら、大学での「教育」がどのように行われているか、どうすればそれを改善できるのかといった「教育」問題については、こうしたイシューに比べ、具体的な議論があまりに乏しかったと思う。

高校以下の教育機関の場合に比べ、大学においては「教育」の問題はそれほど重視されてこなかった。「教育」の問題よりも、入学者選抜や学術研究の面が大学の大きなイシューだった。高校以下の教育では、教育実践そのものが研究の対象となり、優れた実践を共有するための教師相互間のネットワークが存在する。それに比べ、大学は、教育機関としての側面をもつにもかかわらず、教育の問題を正面切って論じる場は、これまであまりに限られていた。

大学における優れた教育実践は、少なからぬ大学教師たちによって、実はすでに各所で展開されている。ただ、高校以下の授業実践のように、大学における実践については、これまで各実践者を結び付けるネットワークがほとんどなかった。大学における教育実践を専門的に研究している研究者も少ない。横のつながりを欠き、各自が積み重ねてきた教育上の工夫や発案は、他の教授者に共有されないまま、その個人の内部で完結している。研究上のネットワークが広範に発達していることに比べれば、教育面での相互の情報交換の機会の欠如は、目を覆うものがある。

大学における教材や教授法の開発が遅れてきたのも、これまでは教科書などの編集、執筆が、「教育実践者」のネットワークを介してではなく、同じ研究室や講座という「研究者集団」のネットワークを通じて行われてきたことに一因があるのだろう。そのことは、とくに教科書の編集者あるいは監修者と執筆者との「学閥」的な結び付きを見てみれば明らかである。教科書の編集、執筆も、研究発表の一環として行われる嫌いがある。教科書の編纂作業以外では、大学の先生たちが集まって、自分たちがどのような教育実践をしているのかを情報交換し合う機会は、ほとんど組織化されていない。

日本の大学は、戦後最大の制度改革の波の中で大きく揺れ動いている。そのようなゆらぎの中で、「教えること」への関心が、制度的なコンテクストの再編成にどのように組み込まれていくか。アメリカの大学制度という大きなモデルからの脱却を図りつつあるいま、日本的な大学モデルをつくり上げていくうえで、「教えること」がどれだけ重視されるか。「教えること」への回帰は、高等教育改革全体のひとつの試金石といえるだろう。

新書版付記

学力問題に直面する日本の大学

二十余年の間に、この章で書いた日本の大学の特徴は大きくさま変わりした。

とくに学力の問題には大きな変化が生じた。高校までの教育の変化と、大学進学率の上昇、入学しやすさの拡大と行ったことを受けて、多くの大学ではかつてのように高校までの教育の恩恵に与ることはできなくなった。高校以下の教育の補習的な授業も必要になっている。

さらにいえば、モノローグ型であれダイアローグ型であれ、そもそも学生とのコミュニケーションを成立させること自体が難しくなっているとの声も聞く。日本の大学は教育に無頓着でもなんとか成立していたが、その基盤は大きく崩れてきているのである。

にもかかわらず、日本の大学の「教育」を変えていくための手立ては、その問題の深刻さに比べれば遅々としてしか進んでいないように見える。

第6章　漂流する日米の大学教育

グローバル化で進む「人材育成」競争

自分の国の大学教育はうまくいっているのか。先進国の間では、大学教育の「質」をめぐる問題に関心が向けられつつある。そこにはいくつかの背景や理由がある。ひとつには、高等教育の量的拡大が各国で進んでいることである。日本でも四年制大学への進学率が五〇％を超えた。かつては大学といえば一部のエリートの教育の場と見られていたヨーロッパの国々でも、同世代の半数以上がなんらかの高等教育を受けるようになっている。このような高等教育の「大衆化」が進む中で、その「質」が問われるようになっているのである。

もうひとつの理由は、教育に投入される資金に見合った成果が得られているかどうかをめぐるアカウンタビリティ（会計責任・説明責任）意識の高まりである。とりわけ国家の財政事情が悪くなる中で、高等教育機会が拡大し、費用がかさむようになったことから、投入に見合う成果があがっているかどうかに社会が関心を向けるようになった。

これらの理由の背後にはさらに、グローバル化のもとで進む「知識基盤社会」における国際間の「人材育成」競争という認識の広まりがある。大学教育の「質」が争点となるのも、その質いかんによって人材の質＝知識基盤社会のもとでの競争力が異なってくるとの見方が共有されているからである。しかも、その大学教育自体が国際競争の渦中にある。国境を越えて優れた学生をいかに集め、教育するか。それと連動して教員の獲得競争も資金の獲得競争もグローバルに展開している。

こうした時代背景のもとで、出版されたアメリカはもとより、他の先進国でも注目されているのが、本章が題材とする *Academically Adrift*（『漂流する大学教育』とでも訳せるだろうか）である。著者はリチャード・アラムとジョンパ・ロクサという二人の社会学者。アメリカの二四校の四年制大学の学生二三二二人を対象に行った調査の詳細な分析を通じて、大学での学習がいかに軽量化しているかを明らかにした警告の書である。以下、この本を基に話を進めていく（適宜、該当頁数を示す）。

アメリカ大学教育の限界とは？

少なからぬ日本の大学人は、つい先頃まで、アメリカの大学の「優秀さ」を称賛する情報に接してきた。アメリカは日本の大学に先行する「モデル」であり、九〇年代以後進められた大学改革も、アメリカを追いかけてきた面が少なくない。そうした議論の場では、「アメリカに比べ、日本の大学は……」と嘆く。それが常套句《じょうとうく》だった。ところが、本書が詳細なデータの分析をもって明らかにしていく事実は、そうした日本人のイメージを覆す、アメリカ大学教育の「限界」であり、「漂流」である。

では、著者たちはどのように大学教育の「限界」にアプローチしようとするのか。本書の最大の特徴は、大学での学習の一般的な成果を、「大学学習評価 Collegiate Learning Assessment（CLA）」と呼ばれる一種のテストの結果を用いて、特定の教科や学科の知識を超えた知的能力として、できるだけ客観的にとらえようとしたところにある。そこで測ろうとする知的能力とは、「批判的思考力（critical thinking）」

R・アラム、J・ロクサ共著『漂流する大学数育——軽量化する大学での学習』
Academically Adrift: Limited Learning on College Campuses by Richard Arum and Josipa Roksa (The University of Chicago Press, 2011)

「分析的な論理的思考力（analytical reasoning）」「問題解決能力（problem solving）」「それらを文章に書き表す文章力（writing）」である。しかも、一時点の得点に着目するだけでなく、大学入学以後に生じた実際の能力の伸び（＝得点の変化）に注目することによって、学習の効果を見ようとする。そして、社会学者の研究に相応しく、学生たちの出身階層や人種、入学以前の教育経験、大学での教育の実態、機関の特徴など、影響を与えそうな個人の属性や制度の特性に関する情報も視野に入れ、どのような要因が入学後の教育を通じて、こうした能力を伸ばしうるのかを探究しようとする。個別の教育実践や、大学教育の理念や哲学を論じた著書というより、統計分析を通じて学習の成果をとらえようとする社会科学的な研究成果である。

なるほど、テストの得点で、大学での学習の成果がどれだけ正確に、あるいは適切に評価できるのか、さらには、批判的思考力など、先にあげた領域が学習の一般的成果をとらえるうえで妥当かどうかについては異論もありえる。

しかし、そうした研究上の問題点を承知のうえで、それでもなお、利用可能な情報を最大限に活かすことで、エビデンスベースの議論をしようとする。大学教育というのは、理想論や経験論だけで立ち向かうには複雑で困難な問題領域だという認識を著者たちが共有しているからである。

しかも、大学関係者、政治家、有識者の発言や、さまざまな文献の中で、批判的思考力や分析的な論理的思考力、問題解決能力、それらを文章に書き表す文章力といった能力は、大学が育成すべき知的能力として広く認められており、現代社会で必要とされる資質であるとの認識も共有されている。測定のしかたには限界が残るとはいえ、それらを測るテストを、大学入学時（二〇〇五年秋）と一年半後の二年生の終わり（二〇〇七年春）の二度にわたり同じ学生たちに実施し、その変化にどのような要因が働いているかを、複雑な統計モデルを用いて推定する。そういう方法を用いることで、大学入学後の学習がいかなる成果を生み出しているかにアプローチしようというのである。

こうした方法を用いた分析の結果、著者たちを驚かせたのは、学習成果の伸びがあまりに小さいことであった。その結果は複雑な統計手法を使って示されているのだが、平均点として示せば一三ポイント、標準偏差として見れば全体として〇・一八分の上昇しかもたらさなかったというのである。著者たちはこの数値の意味を次のように言い換えている。すなわち、一〇〇分位として示せば、一年生の時に五〇パーセンタイル（ちょうど真ん中）だった学生が二年生の終わりには五七パーセンタイル（真ん中より少し上）の成績になったという程度の成績向上が平均的な姿だというのである。また、別の言い方もしている。それによれば、調査対象となった学生の四五％には、二年間の学習でこれらの能力にいかなる改善も見られなかったということである（三五〜三六頁）。

もうひとつの重要な知見は、ここで測定された批判的思考力や分析的な論理的思考力といった能力には、学生の人種・エスニシティや出身階層による格差がそもそも存在していることと、ことに人種間の格差は大学入学時点よりも二年生の終わりになると拡大していたことである。著者たちは学生の親の学歴をもとに出身階層の影響を見るのだが、親の学歴が高いほど、二〇〇五年の時点でも二〇〇七年の時点でも、ここで用いたＣＬＡの得点が高くなる。人種・エスニシティごとに得点を比べると、白人の得点が最も高く、続いてアジア系、それとほぼ並んでヒスパニック系、そしてそれらよりずっと離れてアフリカ系の順となる。しかも二〇〇七年のスコアを見るとアフリカ系の伸びがきわめて小さいことから、他の人種・エスニシティグループとの差が拡大しているのである。

著者たちはこうした格差がどのような理由で生じているのかをさらに分析する。その結果によれば、第一に、大学入学以前の教育経験の差異が、親の学歴による違いや、人種・エスニシティ間で生じている。どのような高校で学んでいたか（白人の生徒が主流の学校であったかどうか)、高校時代の成績や大学への入学者選抜に使われるSAT(大学進学適性試験)の成績がどうであったか、アドバンス・プレイスメントと呼ばれる(入学後に大学での単位の代わりになる)高度な授業を受けていたかどうかなどの違いが、入学以前に階層間、人種・エスニシティ間で生じていて、それが入学後の学習成果の差に結び付いているというのである。この結果は、言い換えれば入学以前に作られた差異を入学後に挽回することがいかに難しいかを物語ると著者たちはいう(四四頁)。そして、入学以前の段階で、大学教育への準備がどれだけできているか、その面での階層差や人種・エスニシティ間の差異をできるだけ生じないようにさせることが、格差拡大をもたらさないために必要だと指摘するのである(五〇頁)。

学習軽量化の風潮

それでは、大学教育には学生たちの学習を改善し、批判的思考力や分析的な論理的な思考力を高める効果はないのだろうか。その点を検証するために、著者たちは、大学での授業や学生たちの学習のあり方の影響の検討に進む。本書の本丸ともいえる分析である。そこで明らかにされるのは、アメリカの大学における不十分な学習の実態である。

著者たちは、大学教員がどれだけの要求を学生たちの学習に課しているかが、学習成果に結び付く重要な要因だと見なしている。その指標として次のような項目を用いる。

（a）一学期間に二〇頁以上の論文の執筆を求められる授業をひとつでもとったかどうか（b）ひとつの授業で一週間に四〇頁以上の文献講読を求められることが何回あったかというふたつの質問への回答である。さらに簡略化のために、（a）においても（b）においても一度もなかった（つまり、調査が行われた時点の前の学期に、二〇頁以上の論文執筆の課題も、四〇頁以上の文献講読も求められることは一度もなかった）という「軽度」の学習要求がどれだけ広まっているか、それがどのような影響を及ぼしているかに着目する。

これらの学習の違いが学習成果に及ぼす影響を見る前に、学習のあり方自体の違い、すなわち、学習軽量化の実態を見ておこう。調査によれば、二〇頁以上の論文執筆を求める課題が与えられた授業をひとつも受けていなかった学生は全体の四〇％を占める。また、三分の一の学生が、四〇頁以上の文献講読の課題が与えられる授業をひとつも受けていなかった。これらふたつを満たす学生はおよそ四分の一。逆に四〇頁以上の文献講読と二〇頁以上の論文執筆の課題を与えられた授業をともにとっていた学生は「たったの四二％」であったと著者たちは嘆く（七一頁）。

このような教育要求と学習のあり方は、大学の種類によっても大きく違っている。選抜度の高い大学では七一％の学生が（a）の論文執筆の基準を満たしていたが、中間ランクの大学ではその割合は四六％に減少し、選抜度の低い大学では三九％になる。同様に、（b）の文献講読の基準を満たしている学生の比率は、選抜度の高い大学では九二％、中間ランクの大学で六二％、そして選抜度の低い大学では五六％となった。また両方の基準以上を満たす学生の割合は、高選抜大学＝六八％、中間＝三七％、低選抜大学＝三一％となった。それとは逆に、（a）（b）両方の基準に満たない学生の比率は、高選抜大学＝五％、中間＝二九％、低選抜大学＝三六％であった。大学による差異は歴然としている。大学教育が拡大した分、選抜度の低い大学で「軽度」の学習が広まっている。

それではこうした学習への要求度の違いは、実際に学習の成果に影響を及ぼしているのだろうか。著者たちは、CLAの得点に影響を及ぼすだろうと考えられる他のさまざまな要因（そこには一年生の時のCLAの得点も含まれる）の影響を統計的手法を用いて統制したうえで、学習への要求度の独自の効果を推定する。その結果、（a）（b）両方の基準を満たす学習をしている学生（つまりは「軽度の学習」ではない学習をしている学生）の場合、他の影響しそうな要因をすべて等しくして比べると、（a）（b）の基準をともに満たさない学生やいずれか一方しか満たさない学生に比べ、二八点分得点が高くなるというのである。大学での二年間の学習で平均一三ポイントしか改善がなかったことと比べれば、学習要求度の違いによって二八ポイントの改善の差があったという結果には目を瞠《みは》るものがあると著者たちはいう。

もちろん、この結果には、先に見た大学の選抜度の違いの影響が取り除かれて示されている。したがって、理論的にいえば、(a)(b)両方の基準を満たす学習を教員が要求するようになれば、それだけ批判的思考力や論理的思考力、問題解決能力などの知的能力の向上が見込まれるという推論が可能になるのである。あたりまえのように見えるが、学習の成果を生み出すのは、こうした学習への高い要求である。裏返せば、学習への要求水準を切り下げ、学習を軽量化したことが、知的能力の伸びを抑制しているということである。

そうだとすれば、再び学習への要求を高めればよいはずだ。それが解決策になる。とはいえ、著者たちはもちろんのこと、そうしたことが簡単に実現すると思うほど楽観的ではない。それを阻む複雑な要因が張り巡らされていること、しかも、その多くは、これまでのアメリカの高等教育の発展の歴史に深く根ざしていることを承知し、その点にも目を向ける。

そのひとつは、アメリカの大学が市場原理にもとづき、学生や親たちを消費者と見なすようになってきていることにある。学生たちの選択を重視する市場主義は、学生たちの求めるさまざまな教育「サービス」の提供を大学に求める。その中で、たとえば消費者（＝学生）の声に耳を傾けようとする授業評価なども、学習への要求度の低い授業や、成績評価の甘い授業が学生から好意的に評価されるとなると、そのような授業の広がりを許す一因となる。たとえ一部の教員が厳しい成績評価と学習への高い要求を掲げても、選択重視のしくみのもとでは、そういう授業の人気は下がり、学生も集まらない。そのうえ、学生や親たちが大学に求めているのは、厳しい学習よりも、居心地のよい設備の完備した学生寮であったり、キャンパスでの他の学生たちとの交流や「社会経験」であったりする（一三七頁）。

もうひとつの背景は、一種の学歴主義（credentialism）である。消費者としての学生たちが大学に求めているのは、卒業後の雇用市場でどのような職に就けるか、そこで有利になる学歴であり、職業資格である。しかも、学歴主義の風潮のもとでは、学生たちの関心はいかによい仕事に就けるかに集まり、そのために、できるだけ努力をせずに、よい成績をとれる科目の単位を集めて、大卒資格を手に入れようとする。こうして、消費者としての学生の選択を重視する私事化（privatization）の傾向と、大学教育を就職のための手段と見なす学歴主義とが、厳しい学習要求の広まりを阻む要因となっているというのだ。ほかにも、経費削減をめざし増え続ける非常勤講師や大学院生による授業の担当といった「私事化」の傾向も大学における学習の軽量化に寄与している。また市場原理のもうひとつの側面として、学生や保護者の大学選択は、メディアの発表する大学ランキングに引きずられるようになっている。ランキングの順位を決める要因として研究評価の占める比重が大きいことから、大学は教育より研究をいっそう重視するようになっている。それも学習軽量化の一因として指摘される(一四一頁)。

このようなアメリカ高等教育の趨勢《すうせい》をふまえて、著者たちが提唱するのは、大学における「学ぶ文化」の再構築であり、そのためのカリキュラムの改革や教授法の改善である。しっかりと学生たちに学ばせる文化を構築し直さなければ、学習への回帰は生じない。教員は学生たちの学習に高い期待をもち、それに見合う要求をする――「学問的な圧力をかけること」を意味するacademic pressという言葉を用いて、学習の軽量化を退けることを謳《うた》うのである。

しかも、近年の動向として、アメリカの大学では、グループ学習や体験学習が奨励されている。しかし、大方の予想に反し、調査の結果によれば、グループで学習するより学生が単独で学習する時間が長いほうが、CLAの得点改善によい影響を与えることや、体験学習の頻度が批判的思考力などの育成にはあまり関係しないことも明らかとなった。それらをふまえて著者たちは、安易な学習論の流行に乗らないよう警告を発している。

このような実証的な研究を通じて本書がアメリカの大学教育界に伝えようとしたのは、アメリカの大学が世界で最も優れたシステムであるという神話が崩壊しつつあることへの警鐘である。今でも、大学院には世界中から優れた学生が集まり、アメリカの大学の優秀さの証明と見なされている。しかし、学部教育という足下を見れば、学習の軽量化が進み、大学は社会から期待される役割を果たしているとは言い難い状況になっている。経済的な国際競争に目を向けるだけではなく、健全な市民社会としての知的水準を保つためにも、学びの文化の復権が求められる。どんなに困難でも、その課題が大きければ大きいほど、それに挑む必要があるというのが著者たちの下す結論である（一四四頁）。

アメリカ以上に困難な日本

アメリカが多様性に富んだ社会であることを知っている私たちにとっては、本書が明らかにした事実は、驚くには値しないものかもしれない。とくに、大学レジャーランド論が長きにわたり定着してきた私たち日本人にとっては、大学における学習離れというアメリカの実態は、「アメリカよ、おまえもか」と思うにすぎないことなのかもしれない。大学の大衆化が進むことの避けられない結果と見えるだろう。

たしかに、大学における学習の軽量化や学習離れという点で、日本の経験はアメリカのそれより先行するものであったし、現在においてもその実態は大きく変わっていない。たとえば、ベネッセのシンクタンク、ベネッセ教育研究開発センターが二〇〇八年に行った調査によれば、一週間で予習や課題に費やす時間が三時間未満の学生が調査対象者の七三%を占め、学習時間がゼロ時間の者も二〇%を数える。また、一週間で大学の授業以外の自主的な学習をする時間が三時間未満の学生は八一%、自主的な学習はまったくしないという学生の比率も三二%である(ベネッセ教育研究開発センター『大学生の学習・生活実態調査』)。

調査の方法が違うので、単純な比較はできないが、先のアメリカの調査で、二〇頁以上の論文執筆と四〇頁以上の文献講読の課題を与えられた授業をともにとっていた学生は「たったの四二%」であったと著者たちは嘆いていた。それと比べ、はたして日本の学生たちの学習の軽量化はいかがなものか。

いや、そうした数値の比較以上に重要なのは、こうした学習の軽量化を問題視するまなざしの有無であり、そもそも、本書の著者たちが指標として用いた、読み書きの課題を大学教育のあるべき前提と見なすことのできる学習観の違いである。

今でも、日本の大学では講義形式の授業が中心で、読んで書くという学習課題はほとんど出されない。「話を聞いてノートをとる」が学習の基本形である。量的な面での学習の軽重にとどまらず、学習時の前提とされる型の違いが日米両国を大きく隔てている。それゆえ、本書が明らかにしたような意味での学習の軽量化という問題意識は、日本では出てきようがないのだ。

それでも日本の大学がこれまでなんとか社会に受け入れられてきたのは、日本語という言葉の壁に守られた国内の雇用市場と大学とが直結していたこと、さらにはそこで、長期雇用を前提とした企業内訓練（ＯＪＴと呼ばれる、職に就き働きながら知識や技能を獲得していく職業訓練）が曲がりなりにも機能してきたことによる。

グローバル化の進展がその前提を揺るがせ始めて一〇年以上が経つ。そのうえ、日本の大学の学部教育は就職活動の早期化や長期化によって、ますますやせ細っている。にもかかわらず、本書が警告を発し、広くアメリカの大学教育界に受け入れられるような議論の土壌や大学教育の前提自体が日本には存在しないのである。

近頃では、一学期間に一五回分の授業をしっかりやるようにというお達しが文部科学省から下り、各大学も教員もそれを満たすために忙しくしているという。大学教育の「質」の保証として、学問分野別のカリキュラムを見直そうという議論も続いている。しかし、教育の質の肝心要のところにあるはずの、学生に何を求めるかという厳しい学習要求（academic press）の議論には至らない。学習の成果に階層差のような格差があることも議論の俎上《そじょう》に載せられない。

そこには、日本的な高等教育の発展の歴史という背景が存在する。進学率五〇％という水準は、一度入学させたら学生を退学させることの難しい、授業料収入に依存した私学の拡大により達成されてきた。こういう発展の歴史をふまえれば、厳しい成績評価や重い学習要求を実施することがアメリカ以上に困難なことは明らかである。

それでもグローバル化の影響に日本の大学がさらされ続けることは間違いない。産業や経済、科学・技術、学問・研究といった領域がグローバル化の影響から逃れられないからである。そこに人材を供給する大学教育も国際競争の渦にこれまで以上に巻き込まれざるをえない。しかも、文系の場合、アメリカのような大学院教育のしくみが備わっているわけではないのだから、それだけ学部教育の責任は重いはずなのにである。

アメリカ社会の特徴は、問題の所在がわかれば、それを究明するための努力を惜しまないこと、しかも、そこで究明された知識を用いて問題解決を（部分的ではあれ）実行しようとするスピード感があることだ。問題があることがわかってもなかなか変えられない日本との違いである。

こうしてみると、本書が警告を発しているのはアメリカの大学だけに限らないことがわかる。複雑で高度な問題が山積し、グローバルな広がりをもつ中で、そうした問題に対して知的な格闘を通じて解決策を見いださなければならないのが現代社会である。大学での学習の成果が求められるのは、そうした時代に私たちが生きており、日本には日本なりの経験が、それなりに地球的な規模で価値をもちうるからである。その価値を最大限に活かすためにも、大学教育の漂流は日本でも許されない。

注

第1章　ティーチング・アシスタント制度にみる日米大学比較考

1　たとえば、木村英憲「体験的日米大学比較」『IDE・現代の高等教育』no.282, pp.50-54、一九八七年など。

2　天野郁夫『大学――試練の時代』（東京大学出版会、一九八八年）、Ben-David, Joseph. *Centers of Learning*, The Carnegie Foundation for the Advancement of Teaching, 1977.（ベン＝デービッド、天城勲訳『学問の府』サイマル出版会、一九八二年）を参照。

3　天野、前掲書一五二頁。

4　潮木守一『キャンパスの生態誌――大学とは何だろう』（中公新書、一九八六年）には、戦前期の大学生が教授の講義をそのまま書き写した膨大なノートが存在していることが示されている。

5　この節の記述は、Chase, John L. *Graduate Teaching Assistants in American Universities: A Review of Recent Trends and Recommendation*, (US Department of Health, Education, and Welfare, 1970.)

の研究に負うところが大きい。

6 Diamond, R. M. and Gray, P. J. "Report of the General Findings of a National Study of Teaching Assistants", Paper presented at American Educational Research Association-Division, Washington D. C. 1987. を参照。

7 Chase、前掲論文による。

8 ただし、このデータは一週間あたり二〇時間以上勤務しているTAのみの数字である。すでにみたように、TAの平均勤務時間は、二一・七時間であったが、二〇時間以下しか働かないTAも少なくない。とすると、ここで示した平均金額は、全TAのそれに比べやや高めであるといえるかもしれない。

9 ここでの数字は、フルタイムの学生もパートタイムの学生もともに含むものである。しかし、フルタイムの学生のみを取り出してもこの傾向に大きな変化は見られない（Chase、前掲論文による）。

10 ここで母数としている大学院生には、修士コースの学生やパートタイムの学生も含まれている。したがって、博士コースのフルタイムの学生だけを取り出せば、TA職にある学生の比率はもっと高くなると考えられる。

11 Malaney "Who Receives Financial Support to Pursue Graduate Study?" (*Research in Higher Education*, vol.26, no.1, 1987) による。

12 Chase、前掲論文による。

13 いずれもフルタイムの学生の数値である。資料は、US Department of Education, *Center for Statistics 1986* (Digest of Education Statistics 1985-86) によった。

14 Malaney、前掲論文による。

15 参考までに同じ研究から、研究助手の場合について見ると、応用的な研究分野の学生のチャンスが大きいこと、奨学金の場合は、マイノリティ、年齢が若い、純粋研究の分野、学部時代の成績評定平均点とGREの言語部門、分析部門の点数が高い学生ほどチャンスが大きいことがわかる。

16 Chase、前掲論文、p.3.

17 Chase、前掲論文、pp.3-4.

18 潮木守一『大学と社会』(第一法規、一九八二年)、一六五頁。

19 潮木、前掲書、Jencks, C. and Riesman, D., *The Academic Revolution*, (A Doubleday Anchor Book, 1968)(国広正雄訳『大学革命』サイマル出版会、一九六八年)参照。

20 ベン=デービッド、前掲訳書九二頁。

21 ジェンクス&リースマン、前掲原著、p.40.

22 ジェンクス&リースマン、前掲訳書二八二頁。

23 Katz Joseph. and Hartnett, Rodney T., *Scholars in the Making: The Development of Graduate and*

Professional Students, Ballinger Publishing Company, Cambridege, MA, 1976.

24 Katz & Hartnett、前掲書による。

25 Chase、前掲論文、p.1.

26 Chase、前掲論文による。

27 ジェンクス&リースマン、前掲訳書二八六頁。

28 この問題のもうひとつの側面は、最も優秀な大学院生は奨学生や研究助手として研究に専念し、教育経験をまったくもたずに教壇に立つ結果をもたらしてしまうということだろう。

29 Garner, Lucia Caycedo et al. *Improved Training of Teaching Assistants Through Inter-Departmental Cooperation,* 1987.

30 Smock, R. and Menges, R., "Programs for TAs in the Context of Campus Policies and Priorities", 一九八五年（後出 Andrew 編書に収録）の研究による。

31 Carroll, Gregory J. "Effects of Training Programs for University Teaching Assistants: A Review of Empirical Research", (*Journal of Higher Education,* vol.51, no.2, pp.167–183, 1980).

32 Carroll の前掲論文によれば、実験的方法を用いた教育効果研究はふたつしかなく、その結果は、一方はTAプログラムに効果ありとするもので、他方はあまり効果はなかったという結論を導いているという。

33 Andrew, John, D.W. *Strengthen in the Teaching Assistant Faculty,* (Jossey-Bass Inc. Publishers,

San Francisco, CA, 1985. p.1.)

第2章　新米教師のアメリカ学級日誌

1　プリンストン大学出版局を対象としたFriedlandのケーススタディによれば、学術書をハードカバーとペーパーバックの両方で出版した場合、ハードカバーの九割は図書館などの機関が購入しており、一方ペーパーバックの九割は個人に売られているという（Abbot M. Friedland "Sales Potential in Limited Paperback Editions" *Scholarly Publishing*, vol.10, no.3, 1979, pp.275–278）。「個人」のうち学生がどれだけ占めるのかは不明だが、学術書のペーパーバックが教育を主な目的のひとつとして重視していることはたしかである。

2　箕輪成男『情報としての出版』（弓立社、一九八二年）、一三二頁。

3　ただし、箕輪氏の前掲書（一三二―一三三頁）によれば、書籍総刊行額に占める学術書のシェアは、日米ともに一％程度であるという。シェアで見る限り、日本の学術書の出版市場がアメリカのそれより小さいとは必ずしもいえない。

4　ある研究によれば、大学で使われた教科書が古本としてリサイクルして市場に再登場した場合（ハードカバー、ペーパーバックともに含む）、もとの値段の五〇％引きで大学の書籍部は学生から買い戻し、元値の二五％引きで再び売られているという（L. A. Coser, *Books: The*

Culture and Commerce of Publishing C. Kadushin, and W. W. Powell, 1982, Basic Books, p.339)。なお、この研究によれば、近年、大学出版部のみならず、商業出版社でも、大学の授業での必読・参考文献を見込んだ学術書のペーパーバックによる出版が盛んになっているという(同書、p.341)。

5 たとえば、市川昭午『教育システムの日本的特質——外国人がみた日本の教育』(教育開発研究所、一九八八年)は、外国人研究者による日本教育研究を読むうえで最良のテキストである。

6 今村令子『教育は「国家」を救えるか——質・均等・選択の自由』(東信堂、一九九七年)によれば、公立四年制大学の六三%、私立四年制大学の五五%が、SAT、ACTなどの適正テストを、「最も」ないし「非常に」重視する入学選抜の基準であるとしている。

7 日本とほとんど同じカリキュラムで、日本から送られてきた教科書を用い、文部省派遣の教師が教える学校。生徒は月曜から金曜日までこの学校に通う。

8 週一回土曜日だけ日本のカリキュラムで教えている。生徒は月曜から金曜日までは現地のアメリカの学校に行っている。

9 Rosenbaum, J. E. and Kariya, T. "From High School to Work: Market and Institutional Mechanisms in Japan", *American Journal of Sociology*, vol.94, no.6, 1989 を参照。

10 私の在米中、全米教師連盟の会長、Shanker 氏が、Sさんたちが注目してくれた私とローゼンバウム教授との共著論文を、ニューヨーク・タイムズ誌の意見広告の中で取り上げた（*New York Times*, July 16, 1989）。その中で、氏は、私たちの論文によりながら日本の実践を紹介しつつ、教育と職業との関係があまりに弛緩しすぎたアメリカの現状に警告を発している。日本の高校では学校での達成が卒業後の職業機会と密接に関係するが、アメリカでは大学に進学しない生徒にとって高校での努力は報われない。それがアメリカの高校の「下半分」の生徒たちの、低学力やドロップアウトといった問題の温床となっているというのだ。私たちの論文の読み方として問題がないわけではないが、論文へのこうした「反響」に、現在のアメリカの危機感を見ることはできる。こうした議論の詳細については、苅谷剛彦『学校・職業・選抜の社会学——高卒就職の日本的メカニズム』（東京大学出版会、一九九一年）を参照。

第3章　シラバスと大学の授業、授業評価

1　この部分の記述は、一九八五年度のノースウェスタン大学社会学科のTAセミナーにおいて配付された文書、Carol Heimer, *Planning A Class and Preparing the Syllabus* に負う。

2　授業評価のサンプルは、ウィリアム・カミングス「アメリカの大学——虚像と実像(5)、学生による授業評価の効用」（苅谷剛彦訳『カレッジ・マネジメント』一九八九年一—二月号）

に掲載。

第4章　高校から大学へ

1　もっとも、私が聞いたところでは、生徒一人が一年間で受けるカウンセリングの回数は、せいぜい二〜三回だという。カウンセラー一人あたりが三〇〇人あまりの生徒を受けもっているのだから、それも当然といえば当然である。

2　今村、前掲書。

3　このような情報はカウンセラーがもっている。しかし、このような情報がすべての生徒に平等に伝達されないということが指摘されている。James E. Rosenbaum, *Making Inequality*, (John Wiley & Sons, 1976.)

4　岩木秀夫・耳塚寛明編『高校生――学校格差の中で』(現代のエスプリ　no.195)至文堂、一九八三年)。

5　James E. Rosenbaum, "Plain" *Sociology of Education*, vol.53, 1980.

6　岩木・耳塚編、前掲書。

7　アメリカのデータはアメリカ教育省の『*High School and Beyond* 調査』から、日本のデータは日本青少年研究所の『高校生将来調査』による。

8　たとえば、耳塚による次のような指摘に代表される。「わが国の高校教育の格差構造は、まさにトラッキングと呼ぶに相応しい。青年たちはあるタイプ・ランクの高校に入学すると、その高校に相応の進路を選択することになる。進路選択のオプションは学校タイプ・ランクによって限定されており、あたかも走路変更の許されないランナーのように目的地が制約される」（岩木・耳塚編、前掲書六頁）。なお、同書苅谷論文にも同様な指摘がある。

9　Bourdieu and Passeron, *Reproduction,* (SAGE 1977)、および R. Collins, *Sociology Since Midcentury,* (Academic Press, 1981) を参照。

10　苅谷、前掲書。

11　中谷巌『転換する日本企業』（講談社現代新書、一九八七年）、三三頁。

12　竹内洋『日本人の出世観』（学文社、一九七八年）。

13　竹内、前掲書八一頁。

第5章　アメリカの大学からみた日本の大学教育

1　天野郁夫『日本的大学像を求めて』（玉川大学出版部、一九九一年）。

2　アーネスト・ボイヤー、喜多村和之・館昭・伊藤彰浩訳『アメリカの大学・カレッジ』（リクルート、一九八八年)。

3 ボイヤー、前掲書。

4 ボイヤー、前掲書。

5 学生援護会『アルバイト白書昭和五七年度版——日米大学生の職業選択とその意識』によれば、企業の採用基準として大学時代の成績が重要であると思っている学生は、日本よりアメリカのほうがはるかに多い。

6 むしろ日本では、高校までは、大学受験にしろ、就職にしろ、進路の決定にとって学校の成績が重要な意味をもつ。生徒もそう信じている。ところが、大学生にとっては、成績は就職とほとんど関係ないという見方が広がっている。ここにも日本の大学教育の特徴が示されている。

7 中野収『コミュニケーションの記号論——情報環境と新しい人間像』(有斐閣、一九八四年)。

あとがき

日本の大学の教壇に立つようになって、やっと一年と三カ月が過ぎた。連日の授業の準備に追われるうちに、学生時代とも、留学時代とも、さらには研究機関に勤めながらアメリカの大学で教鞭をとったときとも違う、大学の「感触」が、しだいに私の中に形成されつつある。それは一種の「現場意識」のようなものである。これまで、一定の距離をおいて眺めてきた大学教育について、傍観者としてではなく、自分もその責任の一端を担う立場から関係するようになったという感覚である。

本書は、私がこれまでに発表してきた報告や論文を、一部修正、加筆、あるいは再構成してまとめたものである。したがって、ここに収めた論稿のほとんどは、私自身の大学教師としての「現場意識」が生まれる以前に、いいかえれば、大学教師としての「ハビトゥス」が形成される前に書かれたものである。その意味では、新米教師が「異文化としての大学」になじんでいく、あるいは抵抗していく過程で書かれたものといってよい。それだけに、生半可な、偏った見方や、思わぬ誤解が含まれているかもしれない。けれども、その半面、すでに日本の大学に慣れ親しんだ目から見れば、自明のこととして見過ごされている日本の大学の一面も、そこには描かれているのではないか――いまとなっては、そう祈るばかりである。至らないところはご容赦いただくとともに、ご指摘いただければ幸いである。

各章のもとになった論稿は、次にあげるとおりである。

第1章「TA制度にみる日米大学比較考（連載一―三）」『IDE・現代の高等教育』民主教育協会、二七八―二八〇号、一九八六―八七年、および「ティーチング・アシスタント制度とアメリカの高等教育」『筑波大学　大学研究』第四号、一九八九年

第2章「新米教師のアメリカ学級日誌（連載一―四）」『IDE・現代の高等教育』三〇九―三一二号、一九八九年一二月―一九九〇年三月号

第3章「シラバスと大学の授業」『IDE・現代の高等教育』三三二号、一九九二年二月号

第4章「日本の高校再考――学校格差とトラッキング」『IDE・現代の高等教育』二九五

号、一九八八年八月号
第5章　本書のための書き下ろし
第6章「漂流する大学教育」『アステイオン』七五号、二〇一一年
（なお、第6章は新書版刊行にあたり追加した。また単行本には「レジャーランドのダブルスクール族――文科系東大生の最近の動向」という章が掲載されているが、新書版のコンセプトに合わせて割愛した）

本書のもとになった文章を書くうえで、多くの人々のお世話になった。ここに記して感謝の意を表したい。

まず、私に貴重な体験を与えてくれたノースウェスタン大学大学院時代の先生方、友人、そしてサマーセッションの学生たち。彼らには、「比較」の視点の重要性を体験を通して知るうえで多くを負っている。

天城勲先生、黒羽亮一先生、喜多村和之先生、青木道子さんをはじめとする『IDE・現代の高等教育』誌の編集委員の諸先生、諸先輩方には、それぞれの文章の発表の機会をつくっていただいたほかに、これらの論稿を本書に収録するにあたって寛大なお許しをいただい

た。また、天野郁夫先生には、これまで中等教育を中心に研究を行ってきた私の関心を高等教育に向けて広げてくださったばかりでなく、本書の出版のきっかけをつくっていただいた。玉川大学出版部の関野利之氏には、出版事情が厳しいおりにもかかわらず、いまだ若輩の私に貴重な出版の機会を与えていただいた。以上の方々のご指導とご高配に対し、心からお礼を申し上げたい。

最後に、本書のもとになった「原体験」を私とともに共有してくれた、妻の夏子と娘の麻子に、この場を借りてあらためて感謝の気持ちを伝えたい。

一九九二年六月

苅谷剛彦

解説

宮田由紀夫（関西学院大学国際学部）

苅谷剛彦氏の『アメリカの大学・ニッポンの大学』（一九九二年、玉川大学出版部）が復刻され中公新書ラクレから発行されることは、初版本に強く刺激を受けた読者の一人として大変うれしく思う。とくにＴＡのことなどは私も経験を共有できるところもあり、大変興味深く読んだ記憶がある。

私は初版の時期、一九九〇年代初めにセントルイスのワシントン大学の経済学研究科で学び、学部生相手にＴＡをしていた。ワシントン大学は当時、苅谷氏のノースウェスタン大学に比べるとちょっと落ちるが（いろいろな批判はあるとはいえ影響力のある『ＵＳニューズアンドワールドレポート』の一九九五年学部ランキングで、ノースウェスタン大学一四位、ワシントン大学二〇位）、同じような私立の研究大学なので、苅谷氏と似たようなＴＡ経験をし、また観察できたつもりである。ただ、私の一番の思い出は、学生の宿題を採点し、学生が取りに来られるように段ボールに入れて研究室の前に置いていたところ、清掃スタッフに捨てられてしまい、学生にばれたら大さわぎなので、急いでゴミ捨て場に行って拾い集めたことだ。現場を教務主任の教員に見られたが、当然、黙っていてくれた。

教育と経済の結びつき

編集者からの依頼は、初版から二〇年の間にアメリカの大学で「変化したこと」「変化していないこと」を指摘して、復刻版の読者の手助けをしてほしいということである。このような重責を担えるかはいささか心もとないが、私見にお付き合い願いたい。

アメリカでは、過去二〇年で、経済状況がめまぐるしく変化した。初版時にはアメリカは経済的に苦境に陥り、とくにハイテク産業では対日競争力の低下が問題になっていた。アメリカは自信を失っていたが、同時に日本から学ぼうという貪欲さをもっていた。本書でも第2章で苅谷氏が日本の教育についてサマースクールで講義すると、受講生であるアメリカ人(多くは現役教師)が、日本の経済的成功のカギを教育に求める発言をしていることや、連邦政府スタッフまで苅谷氏に日本の就職について意見を求めていることが紹介されている。

太平洋戦争の時と同様、敵をしっかり研究するのはアメリカの得意なところでもある。

一九九〇年代半ば以降、教育が経済成長に貢献した成功例と見なされた日本の経済が低迷すると、ハイテク産業で復活したアメリカは教育への危機感が一時的に和らいだ。しかし日本に代わって、統一したEUや、韓国、中国、ロシア、インドなどの新興国が経済競争でアメリカのライバルに成長する。

競争の激化に伴い、第二次産業の担い手である工場労働者の質の確保という面での初等中等教育だけでなく、知識社会において経済競争力を担う専門職の質の向上という面で高等教育（大学）にも、政治家や産業界が関心をもつようになってきた。教育問題は、それまで争点になることがなかった大統領選挙でも議論されるようになった。

本来、眼前の経済問題の処方箋として教育を語るのは適切ではない。教育を改善しても彼らが労働市場に出てくるには時間がかかるからである。小学生が工場労働者になるのは一〇年、大学一年生が博士号を取得して研究者となるのにもやはり一〇年近くかかる。しかし、アメリカにおいて、経済の国際競争力と関係づけた形で教育問題が重視されるようになったことは、初版以来、基本的には変わっていないといえよう。

「保守化」の影響

さらに、初版時にすでに起こっていたことの延長でもあるが、「レーガン革命」以降アメリカ社会は保守化していった。現在までにクリントン、オバマという民主党政権は成立しても、議会は共和党が優位な時期が多く、とくにクリントン政権はリベラル色を抑制する戦術で延命した。州知事、州議会でも共和党保守派が台頭している。大学はもともとリベラルな場所であり、アメリカの保守化は大学に対して厳しい環境をもたらしている。

まず、高等教育は公的資金によって社会全体で支援すべき、という考え方に代わって受益者負担論が台頭し、大学進学で利益を得る親や学生がその費用も出すべきものになった。国からの奨学金の中で給付（グラント）型より貸与（ローン）型の割合が増加した。加えて、授業料を負担する親・学生が消費者としての権利を主張し、楽に卒業して良い大学院や良い就職先を見つけようという「学生消費者主義」が授業内容の軽量化を促し、成績評価を甘くさせた。今回加筆された第6章の内容は、初版当時に根があったことの深化である。

そして、初版時もすでにイラクのクェート侵攻に端を発した湾岸戦争の直後であったが、その後、二一世紀に入ると「同時多発テロ」を受けてアメリカは準戦時体制に入った。ベトナム戦争のときのように若者が徴兵される心配はなかったのでキャンパスでの反戦運動はそれほど活発でなく、むしろリベラルな教員が政府の政策を批判する発言がしにくい状況になった。この点では一九八〇年代からの保守化が新しい段階に入ったのかもしれない。

そして、「小さな政府」を標榜する保守派は、公的資金支出への説明責任（アカウンタビリティ）も求める。初等中等教育だけでなく州立大学のような高等教育でも政治家が公的支援と引き換えに、数値目標の設定と達成を求めるようになってきた。ブッシュ・ジュニア政権の二期目には教育省長官の諮問委員会で、学生に統一試験を課し、その成績向上度が不充分な大学は、連邦政府の奨学金で進学可能な大学のリストからはずすことまで検討された（議会の穏健派が導入に反対）。州政府の中には、州立大学の予算の一部を卒業率などの成果の達成度と連動させているところもある。規制緩和を唱える保守派は、企業活動の自由は主張するが、大学の自由にはさせていないのである。

財政難の州政府では州立大学への支出も低迷し、授業料収入への依存度を高めている。州立大学は「州立」であっても「州営」とはいえなくなり、実質的な私学化が進んでいる。連邦政府は個人に奨学金を出し州政府は授業料の安い州立大学の教育サービスを提供する、という組み合わせでの公的資金による高等教育支援が崩壊しつつある。

研究重視から教育重視へのシフト

大学内での変化は、保守派の大学教員攻撃や学生消費者主義の高揚とも関連があるのだが、教育重視への回帰である。

かつてアメリカの大学は教育熱心だったが、第1章で示されたようにTA制度が普及した要因は、研究に専念したい、またそうしなければ生き残れない教員が、学部生の教育をTAにまかせたことであった。本書（六四頁以降）ではTAの濫用が学部教育の質の低下を招いたので、その対策としてTAのための訓練プログラムが詳説されている。過去二〇年でTAの質の向上は図られたが、同時に大学教員の間で教育軽視の意識そのものを見直そうという変化も現れた。

カーネギー教育振興財団のボイヤー（Ernest Boyer）が一九九〇年に書いた *Scholarship Reconsidered* は、「教育軽視、研究重視」に警鐘を鳴らした。同書は、当時の同財団の出版物において商業的な成功を収めたそうだが、それだけ教育軽視に対する問題意識が大学関係者の中に芽生えていたことを示唆する。その後の進展は目覚ましいものとはいえないが、研究大学における教育軽視に一定の歯止めがかかったとはいえるのではないであろうか。

アメリカ版「高学歴ワーキングプア」

財政難のアメリカの大学で非正規教員の採用が進み、アメリカ版の「高学歴ワーキングプア」が深刻な問題になっている。これはパートタイム教員や、フルタイムでもはじめからテニュア審査の対象にならない非テニュアトラックの教員のことである。

研究大学では今もテニュア制度(大学院を出て助教授として七年程度勤務したら、審査を受けて准教授に昇進するとともに、テニュアを得る。その審査はしばしば研究実績重視、教育能力軽視と批判されてきたが、テニュアを得た教員は原則として解雇されない。これは「学問の自由」を守るための教員の身分保障である。日本では任期制が若手教員にばかり適用されていることが批判されるが、アメリカでも本来のテニュア制度の下では准教授以上の教員の地位は安定している)は残っているが、近年は教員に専念する非テニュアトラック教員が多くなっている。本書は、研究論文はあまり書かず教育や採点だけをする教員がテニュアをとれずに淘汰されていったので、TAが代わりをした、と述べている(六二頁)が、今日、実は大学はこの教育・採点専門要員を、テニュア審査の対象にならない地位で増やしているのである。大学としては教育にも力を入れるようにしているのだが、教育と研究が分業しているともいえる。

また、大学院に進学してもテニュアをとれる教員になれるかどうかわからないがゆえに、優秀な人材が大学教員を目指さなくなる。これは、大学にとっては深刻な問題である。さらに、研究大学で博士号をとっても研究大学の教員になれるとは限らなくなってきた。彼らは大学院のない大学や短大で教育に専念したり、研究職になるなら好むと好まざるとにかかわらず企業が就職先になる。

大学での研究者養成だけを念頭に入れた従来の研究大学における大学院生教育のあり方についても、疑問が呈されるようになってきた。本書では「TAは大学院生に将来の職業訓練の場を与えている」（八七頁）と述べているが、研究大学の出身者はかなりレベルの低い大学の教壇に立たざるを得ず、異なるスキルが求められているとも考えられる。

広がる「金儲け主義」

産学連携は制度改革がなされたにもかかわらず成果が出ていなかったが、一九九〇年代以降になると一転、評価されるようになる。

一九八一年に改正特許商標法（バイ・ドール法）が施行され、大学が国からの研究費を用いた研究成果を特許として保有し、企業とのライセンス契約で得たロイヤルティ収入は国庫に返還せずともよいことになった。当初は目立った効果が出ず、一九八〇年代はアメリカのハイテク産業の苦境は続いたが、一九九〇年代には大学が自ら大学発のベンチャー企業を作り、そこに特許をライセンスする戦略を重視するようになった。そして、因果関係は不明だが、アメリカのハイテク産業の復活と同じ時期だったので、産学連携の功績だと評価された。たしかにヤフーやグーグルなどの大学発ベンチャーがＩＴ産業を牽引し、バイオテクノロジー産業も大学発のバイオベンチャーが大学と製薬会社の間に介在する形で形成されている。これは、「大学は役に立たない」という批判を払拭《ふっしょく》することに貢献するとともに、大学側もその存在価値に自信を深めることになった。州政府は大学に対して経済発展の担い手としての役割を期待するようにもなった。州政府が一方で州立大学への財政支援を減らし州民の高等教育へのアクセスを狭めておいて、他方で大学に経済発展への貢献を求めるというのは、本末転倒な気がしないでもない。そして、公的資金による研究成果を国有にせず大学にもたせる、というこの制度は、日本をはじめ世界各国がアメリカに倣って導入した。反面、大学が研究成果を商品化して利益を上げることに過剰な期待を抱き、産学連携に血道を上げることにもなった。

本書は教育面での考察を対象としているが、大学が金儲け主義に走るようになったことが、大学コミュニティの規範をどう変化させ、それが教育にどのように影響したかは、われわれ日本人にとっても重要な問題である。

ネットへの対応

最後に大きな変化として、インターネットの普及をあげておきたい。すでにアメリカではインターネットによる授業の配信が試みられている。名門校は単位を与えなかったのでビジネスとしては成功しなかったが、むしろ財政難でキャンパスでの開講授業数に限りがある州立大学で積極的に用いられる可能性がある。インターネット授業が白熱した教室での授業に代わるかどうかはわからないが、競合する可能性はある。また、アメリカでは営利大学が社会人向け実学の科目をインターネットで提供している。

一方でキャンパスの景観、アメニティ施設（スポーツジム、カフェテリア、視聴覚施設）などで学生を呼び込もうとする大学もある。アメニティ競争は本末転倒かもしれないが、インターネット授業が普及する中で、キャンパスで学ぶ価値を大学がいかに提供するかという課題は、これから興味深い問題になろう。

日本の大学は本書から学ぼう

このように過去二〇年、アメリカの大学で変化した点、変化しなかった点はさまざまあるが、本書の意義は色あせるものではない。TA、シラバス、授業評価など、初版本での苅谷氏の予想通り、日本では充分な議論もされないまま導入されてしまった制度であるが、改めて意味を考えてみるのも重要である。私は社会学者ではないので、本書の第5章で展開するコミュニケーション・スタイルと教育方法の関係を論じる能力はないが、そのような議論をもとに制度が導入されたとは思えない。うまくいっているように見えるアメリカの大学の方法を、「アメリカでは」の掛け声の下、表層的に導入したに過ぎない。

さらに、一八歳人口の低下と大学設置基準の弾力化により大学が増えたことで、日本の大学は全入時代に突入し入試が軽量化した。このため、一部の上位校を除いて新入生の基礎学力の低下が著しい。

本書は「アメリカの大学新入生は平均で日本より基礎学力が低く、大学内での学力差が大きいのでTA、シラバス、授業評価などの工夫が必要になった」(二一二頁)と指摘して、日本との違いを強調していたが、今日、日本の大学の平均学力も下がっている。日本では学生の学力格差は大学間で大きく、大学内ではまだ小さいかもしれないが、推薦入試組と一般入試組の間にも学力差はあるかもしれないし、高校でも入試科目以外はまじめに勉強しないので、世界史には詳しいが日本史は全く知らないという学生と、その逆の学生が混在したりしている。それでいて、就職難ゆえに大学は教育の付加価値を求められている。

これらの点では、本書で紹介されたアメリカの大学と似ている事態も生じており、アメリカ型のTA、シラバス、授業評価が日本の大学に導入されていることは自然の流れなのかもしれない。しかし、制度とは経路依存性がある。今の状態は似ていても、ここまでに至るルートが異なれば、これから進んでいく方向も異なる。似て非なる部分も多いアメリカの大学から日本は何を学べばよいかを知るためにも、本書が今一度、多くの読者に読まれることを期待する。

みやた・ゆきお　関西学院大学国際学部教授。一九六〇年東京生まれ。八三年大阪大学経済学部卒業。八七年University of Washington (Seattle) 工学部材料工学科卒業。八九年Washington University (St. Louis) 大学院工業政策学研究科修了（工業政策M. S)。九四年同経済学研究科修了（経済学Ph. D.)。大阪商業大学、大阪府立大学勤務を経て二〇一〇年より現職。専門は産業組織論、アメリカ経済論。産業学会理事、日本経済政策学会理事。主著に『米国キャンパス「拝金」報告』（中公新書ラクレ)。

Chuko Shinsho
La Clef
中公新書ラクレ 429

グローバル化時代《かじだい》の大学論《だいがくろん》①
アメリカの大学《だいがく》・ニッポンの大学《だいがく》
ＴＡ、シラバス、授業評価《じゅぎょうひょうか》

2012年 9 月10日初版
2012年12月10日再版

著者 苅谷剛彦《かりやたけひこ》

発行者 小林敬和
発行所 中央公論新社
〒104-8320 東京都中央区京橋 2-8-7
電話 販売 03-3563-1431
編集 03-3563-3669
URL http://www.chuko.co.jp/

本文印刷 三晃印刷
カバー印刷 大熊整美堂
製本 小泉製本

Published by CHUOKORON-SHINSHA, INC.
Printed in Japan ISBN978-4-12-150429-6 C1237

中公新書ラクレ刊行のことば

世界と日本は大きな地殻変動の中で21世紀を迎えました。時代や社会はどう移り変わるのか。人はどう思索し、行動するのか。答えが容易に見つからない問いは増えるばかりです。1962年、中公新書創刊にあたって、わたしたちは「事実のみの持つ無条件の説得力を発揮させること」を自らに課しました。今わたしたちは、中公新書の新しいシリーズ「中公新書ラクレ」において、この原点を再確認するとともに、時代が直面している課題に正面から答えます。「中公新書ラクレ」は小社が19世紀、20世紀という二つの世紀をまたいで培ってきた本づくりの伝統を基盤に、多様なジャーナリズムの手法と精神を触媒にして、より逞しい知を導く「鍵《ラ・クレ》」となるべく努力します。

2001年３月

中公新書ラクレ　近刊予定

Chuko Shinsho La Clef 430

グローバル化時代の大学論②
イギリスの大学・ニッポンの大学

カレッジ、チューートリアル、エリート教育

苅谷剛彦
Kariya Takehiko
オックスフォード大学社会学科および現代日本研究所教授、セント・アントニーズ・カレッジ・フェロー

オックスフォードにあって、東大にないもの
――大学で教えた教授が、警鐘を鳴らす

ワールドクラスの大学では、グローバルな問題を解決すべく、世界中から優秀な教員と学生を集め、人材育成に努めている。

オックスフォード大学が、その先頭集団を走る秘訣は何か？　同大で教壇に立つ元東大教授が、中世以来の伝統的教育を報告し、日本の大学が抱える課題を検証する。

２０１２年10月発売予定